AF385302

INTRODUCTION

À LA STATISTIQUE DE L'ENSEIGNEMENT SUPÉRIEUR.

LES UNIVERSITÉS FRANÇAISES.

HISTORIQUE ET CONSTITUTION.

Les statistiques de l'enseignement supérieur sont décennales. Depuis qu'a paru la dernière, une loi du 10 juillet 1896 a constitué les facultés françaises en universités.

Cette loi est une date dans l'histoire de notre haut enseignement; elle y marque la fin d'une étape et le commencement d'une autre. Pour la pleinement comprendre, il faut donc la rapprocher de ce qui l'a précédée et déterminée. Les quatre articles dont elle se compose, et qui lui donnent une apparence des plus modestes, sont en réalité l'achèvement d'une longue et laborieuse évolution, dont les vrais commencements se trouvent dans les travaux des assemblées révolutionnaires.

A la place des universités de l'ancien régime, tuées par leur constitution, par leurs abus, par leur hostilité contre la philosophie du xviiie siècle, la Révolution, née précisément de cette philosophie, voulut avoir, pour l'enseignement et pour la culture des sciences, des établissements conçus et organisés d'après le type même de la science et des sciences. Elle produisit de l'enseignement supérieur une théorie qui n'a été dépassée nulle part, qui n'est encore pleinement réalisée en aucun lieu, sauf peut-être en quelques universités des États-Unis. Dès le premier jour, elle le conçut comme un vaste organisme, un et multiple à la fois, un ainsi que l'esprit humain

PROJETS
DE
LA RÉVOLUTION.

d'où vient toute science, multiple ainsi que les objets divers auxquels cet esprit s'applique, ouvert à tout ce qui peut être sujet d'études et de recherches, abstractions mathématiques, réalités physiques, réalités morales, créations des lettres, créations des arts, applications des sciences aux arts techniques, avec autant de compartiments qu'il y a de divisions naturelles dans les choses, compartiments distincts, mais non séparés, dans lesquels circulerait une même vie, un même esprit. C'était l'Encyclopédie mise en acte. Que telle ait été la conception propre de la Révolution française en matière d'enseignement supérieur, on ne saurait en douter. Les premiers linéaments en apparaissent dans un écrit de Mirabeau au début de la Constituante; elle se trouve plus visible dans le rapport de Talleyrand à cette même assemblée, elle éclate dans celui de Condorcet à la Législative; elle se retrouve dans des rapports plus obscurs, sous la Convention, sous le Directoire, comme une production naturelle de l'esprit de la Révolution.

LES ÉCOLES SPÉCIALES DE LA RÉVOLUTION.

Pourtant, en fait, ce que la Révolution a créé, dans cet ordre, ce ne sont pas, l'Institut mis à part, de ces vastes établissements ouverts à toutes les sciences, où elles eussent été groupées selon leurs affinités et leurs liaisons, où elles se fussent mutuellement fécondées; ce furent des *écoles spéciales,* c'est-à-dire des établissements particuliers, limités chacun à l'étude d'une science déterminée ou d'un groupe déterminé de sciences : école de mathématiques, écoles de médecine, école d'histoire naturelle, école de langues orientales, censées se suffire chacune à soi-même, fragments séparés et incoordonnés de l'ensemble rêvé.

Pourquoi le fait fut-il en désaccord avec la conception? On n'a pas à le rechercher ici. Il suffit de constater qu'avec le fait la Révolution a laissé la conception.

La conception, c'étaient les Universités, au sens moderne du mot. Le fait, ce furent les écoles spéciales. Pendant près d'un siècle le fait prévalut sur la conception.

LES FACULTÉS DU PREMIER EMPIRE.

Aux écoles spéciales créées par la Convention, le Consulat en ajouta d'autres, les écoles de droit. Des écoles de médecine et des écoles de droit, l'Empire fit des facultés; à côté de ces facultés, obtenues par un simple changement de nom, il créa des facultés des lettres et des facultés des sciences. Mais, sous un vocable nouveau ou plutôt renouvelé de l'ancien temps, ce furent toujours des écoles spéciales pour la médecine, pour le droit, pour les lettres, pour les sciences. Elles n'eurent ni l'ampleur ni le développement que comporte un enseignement savant, à visées générales. Elles furent avant tout des jurys d'examen en vue de la collation des grades que l'État exigeait désormais pour l'exercice de certaines professions. Enfin, bien qu'incorporées à l'Université impériale, bien que placées trois par trois, quatre par quatre, dans les mêmes villes, elles furent étrangères les unes aux autres, sans rapports, sans vie commune, sans unité. Dénuées à peu près complètement des ressources indispensables aux recherches savantes, médiocre fut leur existence, médiocres leurs résultats. De temps à autre, quelques-unes d'entre elles reçurent de professeurs éloquents un éclat factice et passager. De temps à autre, il sortit de leurs pauvres laboratoires quelque grande découverte. Au total, elles n'eurent pas dans la vie de la nation et dans la science française un rôle comparable à celui des Universités allemandes dans les pays allemands.

A la fin du second Empire, cette médiocrité commença à être vivement sentie et dénoncée. Misère des bâtiments, insuffisance des crédits, détresse des laboratoires, absence des premiers instruments de travail, torpeur des institutions, et, trop souvent, avec beaucoup de talent, langueur des hommes, devinrent chez les savants une plainte à peu près générale. Après la guerre de 1870, à la plainte des savants se joignit celle des patriotes. Il apparut que l'insuffisance de notre enseignement supérieur avait bien pu être une des causes de la défaite, et dès lors la réforme de cet enseignement s'imposa comme un mode du relèvement national.

On avait jugé à ses fruits le système des écoles et des facultés spéciales. Il fallait en changer. Un seul parut possible, celui-là même qui en Allemagne avait produit des fruits si différents, celui que la Révolution, impuissante à le réaliser pleinement, avait laissé comme un héritage à reprendre et à faire valoir.

La conception n'avait pas sommeillé tout ce temps. Sous le Gouvernement de Juillet, en plein triomphe des facultés spéciales, isolées et dispersées, elle avait reparu. « Paris, a écrit Guizot dans ses *Mémoires,* attire et absorbe moralement la France. » A ce mal, il ne voyait qu'un remède : la création, en contrepoids à Paris, de quelques grandes universités dans les départements. « Qu'il y ait, sur divers points de la France, de grands foyers d'étude et de vie intellectuelle, où les lettres et les sciences, dans toute leur variété et leur richesse, offrent à leurs adeptes de solides leçons, les instruments du travail, d'honorables carrières, les satisfactions de l'amour-propre, le plaisir d'une société cultivée; à coup sûr, les maîtres éminents et les jeunes gens distingués se fixeront volontiers là où ils trouveront réunis et à leur portée de tels avantages... et Paris, sans cesser d'être parmi nous le théâtre de l'activité littéraire et savante, cessera d'être le gouffre où viennent s'engloutir tant d'esprits capables d'une vie plus utile et dignes d'un meilleur sort. » Ces universités, Guizot les rêvait complètes : « Pour répondre à leur destination, de tels établissements veulent être complets et un peu éclatants; si la parcimonie scientifique ou économique s'en mêle, elle les tuera au moment de leur naissance. Il faut que dans les nouvelles universités et dans leurs facultés... le nombre et l'objet des chaires soient en harmonie avec l'état actuel des connaissances humaines. » Pour les avoir complètes, il les voulait rares. « Il n'y pas en France dix-sept points où l'on puisse espérer réunir avec quelque chance de succès toutes les parties de l'instruction supérieure, l'ensemble des connaissances humaines et des études nécessaires aux professions libérales. »

Guizot se proposait de créer quatre universités provinciales: à Strasbourg, à Rennes, à Toulouse, à Montpellier. Ce ne fut qu'un projet individuel et sans lendemain. L'opinion n'y était pas. Elle ne réclamait dans l'enseignement supérieur « aucune œuvre générale et nouvelle ». Elle n'était préoccupée à cet égard d'aucune grande idée; « le haut enseignement, tel qu'il était constitué et donné, suffisait aux besoins pratiques de la société, qui le considérait avec un mélange de contentement et d'insouciance ».

Il en fut autrement après 1870. On sentit avec vivacité le besoin d'une réforme générale et d'un renouvellement des institutions. Depuis quelque temps déjà, c'était le vœu des savants. Avivé par un sentiment patriotique, ce fut bientôt celui de tous ceux qui avaient conscience et souci des plus hauts intérêts du pays.

Une réforme de l'enseignement supérieur s'imposait. Mais sous quelle forme? Les hommes les plus compétents étaient d'accord pour signaler comme cause essentielle du mal la multiplicité et la dispersion des facultés, et comme remède, la concentration des facultés des divers ordres en un nombre limité de centres, « puissants foyers d'étude, de science et de progrès intellectuel ». De puissants foyers d'étude, de science et de progrès intellectuel, qu'était-ce, au fond, sinon la conception même des encyclopédistes et des philosophes de la Révolution, vaincue par les faits, durant un siècle, et renaissant comme la vérité même? Qu'était-ce encore, sinon ce qu'en tout pays on appelle des universités? A partir du moment où la réforme de l'enseignement supérieur fut tenue pour une nécessité publique, la constitution d'universités en France fut tenue pour le terme où devait aboutir cette réforme. Le mot se présenta spontanément et s'imposa comme le signe exact de l'œuvre à entreprendre.

« Il est sage, écrivait M. Jules Simon, Ministre de l'instruction publique dans le Gouvernement de M. Thiers, d'avoir un certain nombre de capitales intellectuelles, où se trouvent réunies, sous la main des jeunes gens, toutes les ressources nécessaires au complet développement de leur esprit. » Et l'année suivante, en présence des Sociétés savantes, à la Sorbonne, après avoir montré les lacunes et les misères de l'enseignement supérieur, il réclamait « la formation de ces universités qui nous manquent ». A l'Assemblée nationale, M. Laboulaye déclarait nécessaire qu'il y eût des universités et qu'on n'éparpillât pas « sur la surface de la France des facultés qui se trouvent stérilisées par leur isolement ». A la même Assemblée, M. A. Desjardins proposait, comme essai, de créer, à Nancy, une université complète, avec les plus larges franchises. Dans le même temps, M. Paul Bert déposait une proposition de loi pour supprimer les facultés inutiles et constituer les autres en universités. De même, les plus grands savants, Michel Chasles, Balard, Claude Bernard, Pasteur, Sainte-Claire Deville, Hermite, émettaient ce vœu : « Pour fortifier l'enseignement supérieur et développer la culture des sciences en France, il faudrait créer cinq grandes universités, y compris celle de Paris, et donner à chacun de ces corps l'autonomie scientifique, ainsi que les ressources de tous genres nécessaires pour en assurer la prospérité ». Peu à peu, avec Renan, Berthelot, Michel Bréal, Ernest Lavisse, Gabriel Monod, d'autres encore, il se créait toute une littérature pour exposer et justifier la restauration de l'enseignement supérieur par les universités.

Pour demander ainsi des universités, quelle vertu leur attribuait-on? Une grande vertu : celle d'un organisme adapté à sa fonction.

THÉORIE DES UNIVERSITÉS.

Pendant trois quarts de siècle, on s'était moins préoccupé du rôle scientifique que du rôle professionnel des facultés. Avec la République, le point de vue change. La science, longtemps suspecte, parce qu'elle est liberté, apparaît aux hommes d'État comme investie d'un triple office.

D'abord un office intellectuel. — Des œuvres de la troisième République, une des plus considérables aura été sans contredit le développement de l'instruction publique. Son premier devoir, son premier besoin était l'instruction populaire. Le danger était d'avoir pour elle une prédilection exclusive. Il n'en a rien été. La République a compris que l'enseignement populaire est une canalisation et non une source, que réduit à lui-même, toujours il distribuerait le même fonds, et que pour participer au progrès des connaissances et y faire participer la masse de la nation, il doit s'alimenter à la source vive des découvertes et des idées nouvelles, c'est-à-dire à l'enseignement supérieur. « Fermez les laboratoires et les bibliothèques, a dit Berthelot, arrêtez les recherches originales, et nous retournerons à la scolastique. » D'où cette conséquence que dans un système complet d'instruction nationale tant débite l'enseignement supérieur, tant le reste distribue.

Un second office des sciences est d'être, soit directement, soit indirectement des facteurs de richesse. De plus en plus, la science donne aux choses, à la matière brute, à la matière vivante, des formes et des valeurs nouvelles. D'invisibles transmissions unissent ses laboratoires aux engins modernes du travail, et c'est vraiment à sa force que se mesure dans un pays la puissance de l'industrie. Dans la lutte économique des peuples, au plus savant sera la victoire. D'où la nécessité, sous peine de déchéance et de ruine, d'avoir un enseignement supérieur armé pour la découverte, apte à la production.

De la science, on attendait encore d'autres services. On se disait que par elle s'établirait dans l'élite, puis, par infiltration, dans la masse, un esprit public conscient et ferme, qu'au-dessus de la contradiction des doctrines, la science qui se prouve et se démontre, la science qui est paix comme elle est vérité, étendrait peu à peu dans le pays entier un sens plus exact du vrai et du faux, du possible et de l'impossible, et que mieux éclairées sur ce qu'elles doivent poursuivre et sur ce qu'elles peuvent atteindre, les volontés se feraient plus réglées et plus disciplinées; enfin que par elle se maintiendrait dans la démocratie un idéal, capable de provoquer de puissants essors. C'est un moine, le P. Didon, qui écrivait dans ce temps : « L'organisation de notre haut enseignement est vicieuse. Elle produit fatalement la division dans l'ordre intellectuel, et par voie de conséquence, dans l'ordre politique et social. Tant que cette organisation ne sera pas réformée, nul progrès, nul essor puissant n'entraînera le pays dans des voies nouvelles et meilleures. »

Avec une telle conception du rôle de la science, de telles espérances en ses services, on ne pouvait que chercher à donner à l'enseignement supérieur l'organisme par lequel il aurait le plus de vie et de fécondité. La forme dispersée dans laquelle il avait vécu jusqu'alors était jugée à ses résultats et condamnée. Par la séparation, par l'éparpillement, elle avait produit la langueur et la faiblesse. Restait la forme concentrée. On savait quelles moissons elle avait données en d'autres pays. Pourquoi, en France, serait-elle moins féconde? Pourquoi n'amènerait-elle pas professeurs et étudiants à travailler ensemble comme maîtres et compagnons? Pourquoi ne provoquerait-elle pas dans les facultés une vie à vivre en commun? Pourquoi ne hausserait-elle pas leurs visées au dessus du terre-à-terre des disciplines strictement professionnelles ou des vanités d'un enseignement frivole? Pourquoi ne leur inspirerait-elle pas un souci plus haut et plus général de la science?

Les promoteurs et les champions de ces idées ne se firent pas illusion sur les difficultés de l'entreprise. La foi dans leurs idées ne les aveugla pas sur les réalités et les obstacles.

Un premier obstacle était la coexistence, avec les facultés, de grands établissements scientifiques, comme le Collège de France et le Muséum et de grandes écoles spéciales, comme l'École polytechnique et l'École normale. Il ne pouvait venir à la pensée de personne de les supprimer ou de les amoindrir. Mais ne continueraient-elles pas d'attirer à elles l'élite de la jeunesse? — La difficulté, pour réelle qu'elle fût, n'était pas de celles qui font reculer. Tout d'abord elle n'existait qu'à Paris. A Paris même, elle n'existait que pour les sciences et les lettres; dans les sciences et les lettres, elle n'était que partielle. Le contingent nécessairement limité des écoles spéciales mis à part, il restait matière assez abondante pour alimenter à Paris et dans les départements plusieurs universités fortes et prospères. Et puis la destination des écoles spéciales n'est-elle pas de subvenir aux besoins de certains services publics? En dehors de leurs recrues, n'y a-t-il pas des milliers d'étudiants? Pour ceux-là ne valait-il pas la peine de donner à l'enseignement supérieur l'organisation qu'on jugeait la meilleure? D'ailleurs cette coexistence des universités et des écoles spéciales, au lieu d'entraver le progrès de la science, n'y contribuerait-elle pas par l'échange des services et par l'émulation ?

Un autre obstacle était l'existence même de ce grand nombre de facultés isolées, leurs habitudes, leurs traditions, les mœurs de leurs maitres. C'est d'elles que devaient être faites les universités. On n'allait pas bâtir sur une place rase. On ne pouvait songer à démolir la maison et à la reconstruire de toutes pièces. Il fallait l'élargir, la surélever, en changer l'ordonnance et l'aménagement, mais en la laissant debout, et sans en expulser les habitants. Or beaucoup de ces habitants avaient leur idée faite sur la meilleure façon de l'enseignement supérieur, et les nouvelles idées les trouvaient mal disposés, parfois même nettement hostiles. On ne pouvait songer à changer du jour au lendemain des traditions invétérées. Pour les modifier, on compta sur le temps et sur l'action que finissent toujours par exercer les idées justes sur des esprits éclairés et soucieux du bien public. On compta plus encore sur les maîtres nouveaux, et on eut soin de les choisir jeunes, et bien dans l'esprit qu'on voulait propager. Il n'y avait donc pas d'obstacles insurmontables dans les faits.

S'en trouvait-il davantage dans les idées ? — Une première objection consistait à dire : en assignant la science pour objet aux universités et par suite aux facultés, on se trompe sur leur destination véritable. Leur destination, c'est de former des avocats, des magistrats, des médecins, des pharmaciens et non des chercheurs de vérité. Sans doute la science pure est nécessaire en tout pays civilisé. Mais pour y pourvoir, n'at-on pas le Collège de France, le Muséum, certaines écoles spéciales ? Voudrait-on transformer en savants tous les étudiants des facultés ? Ce serait une chimère, et si par impossible, elle venait à se réaliser, ce serait le pire des résultats sociaux. Que demandent ces jeunes gens, pour la plupart modestes d'origine ? Un diplôme, un gagne-pain. Ce qu'il leur faut, c'est un apprentissage. Restons donc dans la tradition française ; laissons la science aux hautes écoles, et pour les facultés ne rêvons pas autre chose qu'un enseignement professionnel.

La science aux hautes écoles ; l'enseignement professionnel aux facultés, tel sans doute avait été jusqu'alors le mot d'ordre. Mais n'était-il pas devenu suranné ? Pouvait-il assurer l'avenir ? N'était-il pas grand temps d'en adopter un autre, la science au centre même de l'enseignement professionnel ? Or il se trouvait que juste à ce moment la pratique, si longtemps séparée de la théorie, répudiait ce divorce. La pratique sans la science, c'est l'empirisme, le fait brut sans la raison du fait. De ce legs du passé, on connaissait maintenant l'insuffisance et le péril. Depuis quelque temps déjà, et chaque jour davantage, se faisait une alliance étroite entre la théorie et la pratique, entre l'idée et le fait. Claude Bernard venait d'achever la transformation de la médecine en une science expérimentale. L'histoire s'était introduite dans le droit et l'avait éclairé. Pasteur découvrait les lois des infiniment petits de l'organisme et inventait des façons scientifiques de s'opposer à leurs ravages. Le mot d'ordre du présent, le mot d'ordre de l'avenir, il était là, et n'eût-on voulu faire des facultés, groupées ou non en universités, que des écoles professionnelles, qu'il eût fallu en faire des écoles scientifiques.

Mais on était en droit de vouloir mieux pour elles. Pourquoi leur refuser d'être des lieux de recherches savantes? — Parce qu'elles ne l'avaient pas été jusque là. — Mauvaise raison, puisqu'il s'agissait justement de les transformer et de leur faire rendre plus d'effets. Sans doute on ne rêvait pas de former autant de savants qu'elles auraient d'étudiants. Mais on se proposait nettement deux choses : donner à tous les clartés scientifiques sans lesquelles les professions de leur choix demeureraient obscures et empiriques; en même temps, dans la masse, assurer la sélection d'une élite, et pour cette élite, organiser le travail scientifique.

Par essence, l'université est encyclopédie. Est-ce à dire que l'étudiant de l'université doive promener son intelligence de sujet en sujet, effleurer toutes choses et n'en approfondir aucune? Pas du tout. Les intelligences encyclopédiques ont été toujours une rareté, et chaque jour elles se feront plus rares. D'autre part, la polymathie est une maladie de l'esprit et le vagabondage intellectuel, un désordre. Aussi n'est-ce ni l'encyclopédisme, ni la polymathie, ni le vagabondage intellectuel qu'on se proposait. Dans l'organisation universitaire, on voyait, pour tout étudiant, un profit très positif. « L'université, écrivait Ernest Lavisse, ne donnera pas seulement à chacun la dose de connaissances qui lui est nécessaire : elle élargira les esprits par le spectacle de son enseignement, et par le contact qu'elle établira entre des jeunes gens de vocations diverses. Elle le fortifiera par la méthode même de l'enseignement supérieur; car l'enseignement supérieur, c'est, en fin de compte, une méthode. Son objet suprême est d'élever les esprits au-dessus des connaissances de détail, et de les rendre capables de cette haute dignité qui est la faculté de juger par soi-même et de produire des idées personnelles. »

Pour l'élite, une bonne organisation du travail en commun avec les maîtres, afin d'assurer la tradition des méthodes et la constitution des cadres. Le point très faible de notre enseignement supérieur n'avait-il pas été l'absence de cette organisation? Certes, à aucun instant du siècle, les hommes de génie, les grands inventeurs n'avaient manqué en France. Mais, après les intuitions du génie, il faut, pour mettre en œuvre la découverte, le travail patient, souvent obscur, des travailleurs de second, de troisième plan. Le plus souvent, l'idée géniale n'est qu'une indication; si des équipes d'ouvriers n'extraient pas, morceau par morceau, parcelle par parcelle, les trésors du filon, ils y demeurent cachés. Que de preuves attristantes nous en avons eues en France. Combien de découvertes françaises ont donné sur un autre sol leurs fruits les plus abondants, et nous sont même revenues d'ailleurs avec une marque étrangère. Et cela, parce qu'autour de nos grands hommes ne s'étaient pas formés à temps ces cadres de travailleurs qui ne sont pas moins indispensables au progrès de la science qu'un bon cadre d'officiers et de sous-officiers l'est au gain des batailles. Faute de cette organisation du travail, que de choses ne s'étaient pas faites, que de lacunes restaient à combler dans l'histoire, dans la littérature. Et dans le monde indéfini des sciences expérimentales, que de choses apparaissaient comme ne pouvant se faire que par la coordination d'efforts nombreux, par la collaboration des maîtres et de leurs compagnons.

A l'idée des universités, on faisait une autre objection de doctrine d'autant plus sérieuse en apparence qu'on la tirait de l'évolution même de la science et de son état présent. Par définition, l'université est rapprochement, concentration. Or la tendance des sciences est juste à l'opposé. Comme tout ce qui évolue, la science débute par l'enveloppement; mais elle progresse par le développement, c'est-à-dire par la distinction et la séparation. De la sagesse universelle et chaotique des anciens sont sorties peu à peu des sciences particulières; puis, peu à peu, dans ces provinces se sont dessinés des départements, des cantons, qui vont eux-mêmes se subdivisant en compartiments plus étroits, à mesure que s'étend l'investigation et que se précisent les méthodes. Le mot présent de la science, et, semble-t-il, son mot définitif, n'est pas universalité, mais spécialité. Donc vouloir ramasser des enseignements distincts dont la tendance naturelle est la divergence, c'est aller contre la nature des choses et marcher au rebours de l'évolution scientifique. Les universités sont archaïsme, et non pas nouveauté. Là même où il s'en conserve, par respect du passé, elles se métamorphosent. Autour, mais en dehors de la maison mère qui contenait tout à l'origine, il s'est formé par scissiparité des établissements distincts, instituts de physique, instituts de chimie, instituts de zoologie, séminaires d'histoire, séminaires de philologie, toute une colonie de maisons particulières, travaillant chacune à part, vaquant chacune à une besogne propre, répondant chacune à un besoin particulier, ateliers individuels de spécialités différentes.

Des spécialités, sans aucun doute, il en faut dans la science. Le champ est trop vaste pour n'être pas divisé et subdivisé. Mais la spécialité n'est pas la séparation; la distinction n'est pas l'isolement. Plus, au contraire, la science pénètre dans le détail infini des choses, plus sont nécessaires les points de repère et les vues d'ensemble. Le spécialisme exclusif est une meule qui pulvérise les idées. Il lui faut un correctif, les conceptions générales. La science est en effet intelligence, et l'intelligence est lien. La spécialité étroite qui ne se rattache pas à des idées plus larges, ne saisit qu'un tout petit coin de la réalité, sans la comprendre, car la comprendre, c'est la relier à l'ensemble. « On réclame des savants qui pensent, » disait, il y a quelques années, un écrivain allemand, effrayé de l'excès des spécialités dans son pays, et il ajoutait :

« Le spécialisme est la malédiction de la science germanique. » Ce serait la malédiction de toute science, partout où il viendrait à dominer exclusivement. Tout ce qui vit est un; tout ce qui évolue l'est également, et c'est ne voir qu'un des effets de l'évolution que considérer seulement les distinctions qu'elle établit. Ces distinctions sont aussi liaisons, liaisons vivantes, c'est-à-dire coordination et subordination. Chaque science particulière, dans chaque science particulière chaque spécialité se rattache à la science générale et contribue pour sa part à la réaliser, comme dans l'être vivant, chaque appareil, chaque organe, chaque cellule dépend de la vie du tout et sert à la soutenir.

Là est précisément le propre de l'université : des spécialités subordonnées à une culture générale. Quand on parlait de rapprocher les enseignements divers, on n'entendait pas que l'étudiant dût tout apprendre et tout savoir. La tête d'un Aristote ou d'un Leibnitz n'y suffirait pas aujourd'hui. Tout simplement on entendait que la spécialité doit, pour être intelligence, s'éclairer à de plus hautes lumières. Le spécialiste ne traite que d'un ordre très particulier de faits. Ces faits s'expliquent par des lois; ces lois par d'autres lois plus générales. Penser une spécialité donnée, et non pas seulement la posséder comme un art empirique, c'est savoir de quelles lois elle dérive et comment, par ces lois, elle se relie à l'ensemble.

Le mouvement en faveur des universités naissait donc d'un besoin de rapprochement et d'unité, diamétralement opposé au spécialisme à outrance qui sévissait alors sur les universités allemandes. Il n'était donc pas une servile imitation de l'Allemagne. Qu'on eût devant les yeux les services d'ordre scientifique et d'ordre national rendus à leur pays par les universités allemandes, qu'on en attendît de pareils pour la France des universités françaises, rien de plus naturel, rien de plus légitime. En fin de compte, c'était moins imiter que revenir aux traditions de la France. Historiquement, c'est sur le sol français que sont nées les universités. La plante mère a été, au moyen âge, l'Université de Paris. A la longue, sans doute, après des siècles de fécondité, elle s'était décolorée, étiolée; mais c'était bien une plante française qu'il s'agissait de ranimer et de faire reverdir. Les fruits donnés ailleurs par des bourgeons autrefois sortis d'elle montraient que, dans des conditions nouvelles, elle pouvait fleurir encore, d'autant mieux que le principe vivifiant de sa nouvelle atmosphère était lui-même un produit de la France. La raison, la science, la corrélation des sciences, n'est-ce pas Descartes? N'est-ce pas l'Encyclopédie? N'est-ce pas le génie français essentiellement synthétique et généralisateur? C'était donc un retour à nos traditions intellectuelles.

En même temps, c'était un retour à la Révolution, non pas à ses œuvres, mais à ses conceptions, aux projets nés de sa philosophie, à ces grandes écoles agencées selon la division naturelle des sciences que Talleyrand, Condorcet, d'autres encore, avaient voulu mettre à la place des universités féodales de l'ancien régime, condamnées et disparues.

Sur un seul point, on pouvait sembler contredire à une tradition française. Les universités sont décentralisation scientifique, et il est incontestable qu'un des traits de notre pays était alors une forte centralisation des sciences et des lettres à Paris. Mais cette centralisation, de quand datait-elle? De moins d'un siècle. Au xvie, au xviie, au xviiie siècles, on ne se serait pas avisé que le séjour de Paris fût nécessaire au savant et à l'écrivain. Montesquieu n'était pas sorti de la Brède pour composer l'*Esprit des Lois*. Qu'au commencement du siècle, alors que naissaient des sciences nouvelles, dont chacune se trouvait à peu près tout entière dans une seule tête, la concentration à Paris des moyens de travail se fût imposée, on n'en disconvenait pas. Mais était-ce encore une nécessité? La période d'incubation n'était-elle pas terminée? Ce qu'elle avait produit ne s'était-il pas répandu? Et ne serait-ce pas profit pour le pays tout entier qu'il se fît de la science ailleurs qu'à Paris? Quelques universités provinciales, bien placées, bien dotées, bien munies, ne pourraient-elles devenir à leur tour des lieux d'ensemencement et de culture scientifique?

Ces idées aujourd'hui claires et bien dépouillées étaient encore dans le trouble de la fermentation, quand, en 1876, le Ministre de l'instruction publique, M. Waddington, crut le moment venu de faire des universités. La loi de 1875 sur la liberté de l'enseignement supérieur avait enjoint au Gouvernement de présenter, dans le délai d'un an, un projet introduisant dans l'enseignement supérieur de l'État les améliorations reconnues nécessaires. M. Waddington pensa que pour l'améliorer, la vraie méthode était de le reconstituer, et que pour le reconstituer, le meilleur moyen était de le constituer en universités.

PROJET DE 1876.

Ces universités se fussent appelées nationales par opposition aux universités libres, que désormais la loi permettait de créer, et aussi pour marquer leur rapport à l'État et prévenir jusqu'à l'apparence d'un démembrement de l'enseignement supérieur en districts indépendants. Il n'y en aurait eu qu'un petit nombre, sept au plus, dans de grandes villes, riches en ressources, et choisies sur la carte, comme les nœuds d'un réseau régulier, Paris au centre et, à la périphérie, Bordeaux, Montpellier, Lyon, Nancy, Lille et Rennes. Ç'eût été parfait, si par université M. Waddington avait entendu le corps des facultés d'une même ville. Mais pour lui, les universités devaient être moins des corps que des circonscriptions. Appréhension des résistances locales, souci politique de ne supprimer aucun des établissements existants, même le plus inutile et le moins vivant, ou bien espérance qu'ils finiraient tous par se développer, il conservait toutes les facultés, toutes les écoles. Seulement il les groupait autrement. Les anciennes académies eussent subsisté pour l'enseignement secondaire et pour l'en-

2.

seignement primaire. Pour l'enseignement supérieur, il leur superposait des circonscriptions plus étendues. Ainsi, l'Université de Paris eût compris comme noyau les facultés de Paris, et comme satellites, les facultés de Caen, les écoles de médecine de Rouen et de Reims, la faculté de théologie catholique de Rouen. L'Université de Lyon aurait lié aux facultés de Lyon celles de Grenoble, celles de Clermont, celles de Dijon, et l'école préparatoire de Chambéry. L'Université de Montpellier se fût ramifiée à Toulouse, à Marseille, à Aix, et par delà la Méditerranée, à Alger. Il y eût eu, dans chaque université, des facultés métropolitaines et des facultés suffragantes.

Les vices de ce projet sautent aux yeux. D'abord le caractère artificiel et arbitraire des groupements. Pourquoi Nancy rattaché à Paris, non à Lyon? Toulouse à Montpellier, non à Bordeaux? En second lieu, la violence faite à des sentiments fort naturels et respectables. Les facultés de Grenoble, de Dijon, de Clermont, entièrement soustraites aux autorités de Grenoble, de Dijon, de Clermont, et relevant d'une autorité lointaine, placée à Lyon? Les facultés de Toulouse vassales de Montpellier? Si le groupement s'était fait, immédiatement il eût tendu à se disloquer. Enfin la contradiction à l'idée même d'université. L'université, c'est la vie en commun. Quelle vie commune aurait pu s'établir entre établissements éloignés les uns des autres, inconnus les uns aux autres. Sans doute, deux ou trois fois par an, des hommes venus des divers points de la région universitaire, se fussent réunis au centre, dans la même salle, sous la présidence d'un même chef. Moyen insuffisant pour les animer d'un même esprit, pour les coordonner vers un même but, pour faire d'eux les organes d'un même corps. De telles universités n'eussent été qu'une affiche. Au lieu de forces d'attraction, elles n'eussent eu en elles que des forces centrifuges.

Préparé dans l'année qui suivit la loi de 1875, le projet Waddington ne fut pas soumis aux Chambres. La politique en fut cause. Le Gouvernement du Seize-Mai eut d'autres soucis. Et quand, après cette crise, le pouvoir revint aux républicains, on eut quelque hésitation, non sur les fins à réaliser, mais sur les moyens à employer. Les esprits étaient-ils suffisamment prêts, dans les facultés et hors d'elles, à une réforme d'ensemble? N'allait-on pas troubler l'air en soulevant de tous côtés les objections? Ne valait-il pas mieux s'acheminer vers le but à pas lents, par étapes successives et réglées? En voulant tracer d'un seul coup toutes les lignes de l'édifice, alors que manquaient encore tant de matériaux pour le construire, ne courait-on pas risque d'en mal assurer les assises? La méthode la plus sage n'était-elle pas celle des progrès continus? Le plus sûr n'était-il pas d'amener peu à peu les choses à ce point que la loi, au lieu d'avoir à constituer des universités, n'aurait qu'à en consacrer la formation progressive? La méthode était nouvelle en France, où d'ordinaire les lois précèdent les faits; c'était la méthode expérimentale. Ce fut celle qu'on adopta, et l'on se mit à l'œuvre, sur tous les points à la fois, par le dehors, par le dedans.

Cette œuvre préparatoire n'a pas à être retracée ici. Il suffira d'en emprunter le résumé à l'exposé des motifs du projet de loi de 1890, dont il sera question plus loin.

« La République, y lit-on, a compris que l'enseignement supérieur est au premier chef un enseignement nécessaire, que si l'enseignement primaire est, suivant la parole de l'un de nos prédécesseurs, la canalisation par où se distribuent les connaissances jusqu'aux couches les plus profondes de la démocratie, l'enseignement supérieur est la source où elles se forment et d'où elles découlent. Elle a compris qu'à cet ordre d'enseignement sont attachées une dignité et une utilité particulières, qu'en lui surtout se forment et se disciplinent les hommes capables de concevoir les idées générales, à la puissance et à la nouveauté desquelles se mesure aujourd'hui la véritable influence des nations. Aussi lui a-t-elle donné libéralement les millions qui lui étaient nécessaires et que lui avaient constamment refusés les régimes antérieurs.

« Dans ces quinze dernières années, elle a refait les bâtiments des facultés ;

« Elle a constitué à peu près de toutes pièces leur outillage, leurs laboratoires, leurs collections, leurs bibliothèques ;

« Elle a élargi et enrichi les cadres de leurs enseignements ;

« Elle a plus que doublé leur budget ;

« Elle a rendu meilleure la situation des personnes et doté les enseignements des ressources indispensables ;

« Elle a créé deux catégories d'étudiants, autrefois inconnues en France, les étudiants en sciences et les étudiants en lettres ;

« Elle a mis plus de science que par le passé là où dominait autrefois le souci des études professionnelles, et elle a donné une tâche professionnelle aux ordres de facultés qui n'en avaient pas ;

« Elle a rendu aux facultés la personnalité civile qu'un pouvoir défiant leur avait contestée ;

« Elle a rendu possible leur rapprochement pour une œuvre commune ;

« Elle a donné toute liberté à la science et aux doctrines ;

« Elle a favorisé le groupement des étudiants aussi bien que celui des maîtres ;

« Enfin elle a vu le nombre de ses étudiants s'élever de 9,000 à plus de 16,000, les étrangers revenir à ses écoles et y affluer plus nombreux qu'en aucun autre pays d'Europe. »

Et pendant ces années de préparation, toujours on eut devant les yeux le but à atteindre. On s'efforça, en provoquant, en favorisant dans les facultés la vie et les mœurs universitaires, d'amener les choses au point où la création des universités apparaîtrait comme la conséquence naturelle et nécessaire des progrès réalisés.

CIRCULAIRE
ET ENQUÊTE
DE 1883.

En 1883, la question fut officiellement posée devant les facultés par une circulaire de M. Jules Ferry. «Il est facile de voir, disait le Ministre, dans les diverses mesures que j'ai prises depuis cinq ans relativement aux facultés, que j'attachais la plus grande importance à tout ce qui pouvait développer dans l'enseignement supérieur le sentiment de la responsabilité, l'habitude de s'administrer soi-même. Nous aurions obtenu un grand résultat s'il nous était possible de constituer un jour des universités rapprochant les enseignements les plus variés pour qu'ils se prêtent un mutuel concours, gérant elles-mêmes leurs affaires, pénétrées de leurs devoirs et de leur valeur, s'inspirant des idées propres à chaque partie de la France, dans la variété que comporte l'unité du pays, rivales des universités voisines, associant dans ces rivalités l'intérêt de leur prospérité au désir qu'ont les grandes villes de faire mieux que les autres, de s'acquérir des mérites particuliers et des titres d'honneur. Je ne me dissimule pas que le temps est nécessaire pour un tel succès; que dans ces sortes d'entreprises, quelque légitimes que soient les ambitions, il ne faut rien précipiter, rien hasarder. Il me semble cependant, après les résultats obtenus jusqu'ici, que la question peut être tout au moins mise à l'étude. Dans ce grave sujet, comme dans tous les autres, c'est surtout de l'opinion du corps enseignant, de ses lumières et de son dévouement, qu'il faut espérer de sérieux progrès. Je crois donc devoir l'appeler à me faire connaître ses vues. »

L'enquête fut concluante. La plupart des facultés, celles du moins qu'animait le plus l'esprit de la science, s'accordèrent à proclamer la supériorité de la constitution universitaire, et à la réclamer comme un bienfait et un progrès. Le Gouvernement ne crut pas cependant que le moment fût encore venu de déférer à ce vœu. Suivant la parole plus haut citée, il ne fallait rien précipiter, rien hasarder. Ni les mœurs des facultés, ni l'opinion publique ne parurent assez préparées à ce changement. Avant de le proposer aux Chambres, on voulut instituer une expérience décisive qui permît de juger en pleine connaissance de cause si, oui ou non, les facultés étaient mûres pour cette vie universitaire dont elles paraissaient sentir si vivement la dignité et les avantages. De là, les décrets de 1885.

DÉCRETS
DE 1885.
LA PERSONNALITÉ
CIVILE
DES FACULTÉS.

Les universités auxquelles on voulait aboutir devaient être des personnes morales. Mais la matière dont elles seraient composées était donnée; c'étaient les facultés. On ne pouvait songer à faire table rase du passé, du présent, et à construire sur un plan idéal; on ne pouvait songer davantage à fondre ensemble les facultés différentes, en effaçant entre elles toute distinction personnelle. Les universités ne pourraient donc être que des unions de facultés, des personnes collectives faites d'autres personnes.

Un premier décret du 25 juillet 1885, contresigné par M. René Goblet, restaura la personnalité civile des facultés, tombée en désuétude, et leur reconnut l'aptitude à posséder et à recevoir.

Partant de là, un autre décret du même jour, sans donner encore aux facultés un budget propre, leur rendait possible, sous la forme des fonds de concours, l'emploi des subventions que leur attribueraient les départements, les communes et les particuliers, et décidait qu'elles pourraient en faire usage pour la création de nouveaux enseignements, les dépenses des laboratoires et des bibliothèques, et l'institution de bourses en faveur des étudiants. Comme il était à prévoir que des libéralités seraient faites indivises à plusieurs facultés d'une même ville, pour en régler la répartition, le même décret établissait, dans chaque académie, un « Conseil chargé des intérêts communs des divers établissements d'enseignement supérieur du ressort ». Il l'appelait « Conseil général des facultés », et le composait « du recteur président, des doyens et directeurs et de deux délégués de chaque établissement, élus par leurs collègues ». C'était la première ébauche de l'organe indispensable à l'existence des universités futures.

Introduit incidemment par un document d'ordre financier, et pour une fonction très limitée de même ordre, cet organe naissant allait bientôt se développer et prendre des fonctions plus nombreuses au milieu des facultés rapprochées. Le décret du 28 décembre 1885, rendu sur la proposition de M. René Goblet, a été vraiment une charte provisoire des universités, avant les universités.

Les dispositions en sont relatives, les unes à chaque faculté isolément, les autres à l'ensemble des facultés d'un même ressort.

Dans chaque faculté, il est établi un conseil et une assemblée. Le conseil, c'est la faculté personne civile. Il comprend les professeurs titulaires et les professeurs adjoints, assimilés aux titulaires. L'assemblée, c'est la faculté enseignante. Elle comprend, en outre des titulaires, les chargés de cours et maîtres de conférences pourvus du grade de docteur. Le conseil et l'assemblée ont des attributions différentes. Le conseil délibère sur l'acceptation des dons et legs, sur l'emploi des revenus de la faculté, sur celui des subventions allouées à la faculté par les départements, les communes et les particuliers, sur l'exercice des actions en justice, sur le budget de la faculté, sur le compte administratif du doyen; il donne son avis sur les déclarations de vacances des chaires inoccupées; pour chaque chaire déclarée vacante, il présente au Ministre deux candidats; il fait les règlements destinés à assurer l'assiduité des étudiants; il statue sur les affaires de scolarité; il donne son avis sur toutes les questions qui lui sont renvoyées par le Ministre et par le conseil général des facultés; il fait son règlement intérieur et nomme son secrétaire. Il se réunit sur la convocation du doyen, lequel est tenu de le convoquer sur la demande écrite et motivée du tiers des membres. Tout membre du conseil a le droit d'émettre des vœux sur les questions relatives à l'ordre auquel appartient la faculté. — L'assemblée délibère sur toutes les questions qui se rapportent à l'enseignement de la faculté, notamment sur les programmes des cours et conférences, la distribution des enseignements et les cours libres, et sur toutes les questions qui lui sont renvoyées par le Ministre et par le conseil général des facultés. Tout membre de l'assemblée a le droit d'émettre des vœux sur les questions relatives à l'enseignement de la faculté.

En même temps sont profondément modifiés le mode de nomination et les attributions des doyens. Le doyen représente la faculté, personne morale. A ce titre, il accepte les dons et legs et exerce les actions en justice. Il préside le conseil et l'assemblée; il administre la faculté et en fait la police; il assure l'exécution des délibérations du conseil et de l'assemblée. Il veille à l'observation des lois et règlements, et à l'exercice régulier des cours et conférences. Il règle le service des examens. Il administre les biens propres de la faculté. Il signe les baux et passe les marchés et adjudications. Il prépare les budgets. Il engage les dépenses conformément aux crédits ouverts. Il ordonnance les dépenses imputables sur les revenus de la faculté.

Par ces attributions diverses, le doyen relève à la fois de la faculté et du pouvoir central. S'il est le président et le pouvoir exécutif de la faculté, il est en même temps le délégué du Ministre. C'est en son nom qu'il engage les dépenses sur les fonds de l'État, qu'il nomme certains agents, qu'il veille à l'exécution des lois et règlements, qu'il assure le service de l'enseignement et celui des examens. Dès lors, il ne pouvait tenir ses pouvoirs ni de la faculté seule, ni du Ministre seul. Il continua donc d'être nommé par le Ministre, mais, pour trois ans seulement et sur une liste de deux candidats présentés par l'assemblée de la faculté et par le conseil général des facultés.

La plus grande nouveauté du décret était l'organisation du conseil général des facultés. Là était l'expérience, l'expérience décisive qui devait faire apparaître, par les faits, si, oui ou non, les facultés de France avaient en elles l'esprit nécessaire à des universités. Par un décret, on ne pouvait faire d'elles des corps, des personnes morales; mais on pouvait les rapprocher, leur permettre de manifester elles-mêmes leur solidarité scientifique. Pour tenter l'expérience, on avait sous la main l'organe commun que venait de leur donner, pour une fonction très particulière, le décret du 25 juillet 1885, ce conseil général où toutes étaient représentées. Il suffirait d'en étendre les attributions dans la limite des lois.

Par destination, le conseil général était un organe de vie commune entre les facultés d'une même ville. Il fallait donc lui donner, comme attributions, tout ce qui, dans les limites légales, pouvait susciter et alimenter cette vie. Il fallait également déterminer ces attributions sans empiéter sur celles des personnes civiles qu'étaient désormais les facultés. Pour cela, on lui reconnaît le droit de faire son règlement intérieur et d'émettre des vœux sur toute question relative à l'enseignement supérieur. On lui donne pour fonctions de dresser, après avis de chaque faculté, le programme des cours et conférences, en y établissant « la coordination nécessaire au bien des études et aux intérêts des étudiants »; de proposer au Ministre les règlements de la bibliothèque universitaire, service essentiellement commun à toutes les facultés; d'arrêter les règlements des cours libres, et d'autoriser ces cours, après avis de la faculté intéressée; de donner son avis, en cas de vacance d'une chaire, sur le maintien, la suppression ou la modification de cette chaire; de délibérer sur les projets de budget présentés par chaque faculté et sur les comptes administratifs des doyens, exception faite des budgets sur fonds de concours, ces fonds étant propriété d'une faculté déterminée; de proposer chaque année au Ministre la répartition entre les différentes facultés des fonds mis à leur disposition par l'État pour les services communs, bibliothèque universitaire, collections, éclairage et chauffage, frais matériels des examens, entretien des bâtiments et du mobilier; de répartir entre les budgets sur fonds de concours des diverses facultés les dons, legs et subventions affectés à des services communs; enfin de juger les fautes et délits commis par les étudiants de toutes les facultés, lorsque la connaissance n'en était pas dévolue par la loi au conseil académique. — Ainsi, à côté des intérêts particuliers de chaque enseignement et de chaque faculté, on distinguait des intérêts communs à l'enseignement tout entier, et on confiait la charge de veiller à ces intérêts au conseil général des facultés. Ce n'étaient pas les universités; mais c'en était une première ébauche. Le temps et l'expérience décideraient de la forme définitive.

Le pouvoir réglementaire avait suffi pour cette première organisation, et on avait jugé prudent de s'en tenir, pour commencer, à ce qu'il permettait. Mais ce n'était qu'un commencement. Pour aller plus loin, il fallait la loi. Aller plus loin, c'était, pour les facultés, obtenir un budget propre, alimenté par l'État; pour la réunion des facultés, c'était devenir un corps, investi lui-même de la personnalité civile, et n'être plus seulement une juxtaposition de personnes.

L'article 51 de la loi de finances du 17 juillet 1889 créa les budgets des facultés et décida que les crédits ouverts au Ministère de l'instruction publique pour le matériel de ces établissements seraient versés à ces budgets sous forme de subventions. En

LOI DE 1889.
LE BUDGET
DES FACULTÉS.

exécution de ces dispositions, un règlement d'administration publique du 22 février 1890 organise le budget et la comptabilité des facultés. C'était pour elles une nouvelle indépendance et de nouvelles possibilités d'initiative.

Quant à la réunion des facultés, on savait que leur forme définitive n'allait pas surgir rapidement comme un cristal dans la liqueur qui le contient dissous. Mais on espérait que peu à peu elle se dessinerait d'elle-même, comme s'organise une matière vivante. L'organisation de 1885 était, on l'a dit plus haut, une expérience. On laissa cette expérience se poursuivre plusieurs années de suite. Puis, quand les résultats en furent certains, quand, à des signes manifestes, il fut avéré que les facultés, celles du moins où les forces étaient plus vives et les volontés plus actives, s'acclimataient à la vie commune, quand il se fut opéré des rapprochements entre les professeurs, entre les étudiants, quand des circonstances solennelles, comme l'inauguration de la nouvelle Sorbonne et les fêtes du sixième centenaire de l'Université de Montpellier, eurent fait voir que ce mot d'université ne passionnait pas seulement les écoles, mais qu'il disait quelque chose à l'opinion publique, le moment parut venu de faire reconnaître par la loi l'œuvre accomplie, de la consacrer et de l'achever.

PROJET DE LOI DE 1890.A cet effet un projet de loi fut déposé sur le bureau du Sénat par M. Léon Bourgeois, alors Ministre de l'instruction publique.

Ce projet débutait par une définition : « Les universités sont des établissements publics d'enseignement supérieur, ayant pour objet l'enseignement et la culture de l'ensemble des sciences. » De cette définition découlait tout le projet. Par elle se trouvaient déterminés : l'état légal des universités; elles seraient des établissement d'État, et non des établissements libres, des agents d'un service public, et non, comme les universités de l'ancien régime, des corporations indépendantes; — leur destination scientifique; elles auraient pour objet non pas une science particulière, mais toutes les sciences, organiquement unies et coordonnées; — leur situation civile; elles seraient, non pas une simple administration, comme celle des postes ou celle des ponts et chaussées, mais des personnes morales, capables de posséder, gérant elles-mêmes leurs biens, sous le contrôle et la tutelle du pouvoir central; — leur composition, puisqu'elles devaient être composées avec des matériaux préexistants, les facultés; elles comprendraient au moins les quatre facultés classiques, droit, médecine, lettres et sciences, et il ne pourrait en être fait là où manquerait une d'elles; — leur organisation générale; elles auraient un conseil élu par elles, mais à la tête de ce conseil serait placé le recteur de l'académie, représentant direct de l'État; — leurs attributions scientifiques; elles assureraient les enseignements nécessaires aux grades établis par la loi; mais, hors de là, elles auraient toute liberté d'enseignement et de recherche; — enfin leur organisation financière; elles auraient chacune son budget propre, alimenté par le produit des dons et legs, les allocations de l'État, les subventions des particuliers, des communes et des départements, et les droits d'études et d'examens versés par les étudiants.

Il y eût donc eu des universités, mais il n'y en eût pas eu partout où il y avait des facultés. Il avait semblé qu'en faire d'incomplètes et de boiteuses serait œuvre verbale, vaine et compromettante, et que mieux valait, comme l'avaient demandé Guizot, Cousin et tant d'autres, n'en avoir d'abord que quelques-unes, là où elles étaient déjà des réalités, et laisser au temps le soin d'en former de nouvelles, si plus tard les éléments devaient s'en rencontrer sur d'autres points. C'est par là surtout que le projet allait être attaqué. Le Gouvernement avait déposé son projet au Sénat, espérant que les raisons d'intérêt général et d'ordre scientifique dont s'inspirait la loi y seraient comprises et acceptées, et que, contre elle, ne prévaudraient pas les intérêts d'arrondissement. En quoi il se trompait.

La commission chargée d'examiner le projet fut lente en son travail. Composée en nombre à peu près égal de partisans et d'adversaires des universités, elle en accepta le principe, grâce à l'influence de trois de ses membres, MM. Jules Simon, Berthelot et Bardoux, tous trois anciens Ministres de l'instruction publique, mais, sur des points essentiels, elle en altéra assez profondément l'organisation.

Tout d'abord, une définition théorique des universités lui parut inutile en tête de la loi. Elle biffa donc celle que proposait le Gouvernement. C'était se donner du champ pour d'autres changements dans le dispositif. Le Gouvernement voulait qu'il ne pût y avoir d'universités que là où seraient les quatre facultés. La commission acceptait la formule, mais avec un correctif, imposé par des intérêts particuliers dont le projet faisait peut-être trop bon marché. A ce moment il n'y avait que sept centres académiques à quatre facultés, Paris, Lille, Nancy, Lyon, Montpellier, Toulouse et Bordeaux. Il n'y eût donc eu de possibles que sept universités. L'Ouest en eût été dépourvu. Pour qu'il pût en avoir une, la commission proposa que là où il n'y aurait pas de faculté de médecine, il suffirait d'une école de plein exercice. En même temps, c'était donner l'espoir aux groupes de trois facultés, Caen, Dijon, Grenoble, Poitiers, que le jour où leur école préparatoire de médecine deviendrait de plein exercice, eux aussi pourraient devenir des universités.

Du sort réservé aux facultés qui ne seraient pas réunies en universités, le Gouvernement ne disait rien. Implicitement cependant, il les déclarait maintenues, puisqu'il proposait que leurs conseils généraux fussent investis, en matière disciplinaire, des attributions conférées par le projet aux conseils des universités. Mais, en subsistant, garderaient-elles toutes les attributions des facultés? On s'effrayait du silence du Gouvernement à cet égard. Sans leur prêter une valeur officielle, on s'effrayait plus encore de certains projets mis en avant, et d'après lesquels, seules les universités

3.

eussent eu le droit de conférer les grades supérieurs, doctorat en médecine, doctorat en droit, doctorat ès sciences, doctorat ès lettres. Pour couper court à ces alarmes, la commission crut bon de déclarer, en un article spécial de la loi, que « rien n'était innové, au point de vue des attributions, dans les académies où les facultés ne seraient pas constituées en universités ». Par là elle laissait toutes les facultés sur un pied d'égalité légale, sans tenir compte des différences qu'établirait entre elles la constitution des universités. Nouvelle concession aux intérêts particuliers et locaux.

Une disposition essentielle du projet était le régime financier des universités. Ne sont vraiment indépendants que les établissements qui ont un budget et en disposent, sous des garanties et des contrôles déterminés par la loi. Sur ce point, le projet du Gouvernement était très large. Il constituait un budget aux universités et il proposait d'y verser, avec le produit des dons, legs, revenus et subventions des particuliers, une subvention de l'État et la totalité des droits d'études et d'examens acquittés par les étudiants. Sur ces ressources, les universités eussent été tenues de payer toutes leurs dépenses, toutes celles de leurs facultés, personnel et matériel, et les excédents de recettes leur eussent appartenu. La commission repoussa ces dispositions si larges. Elle consentit à donner un budget aux universités, et c'était une conséquence presque nécessaire de leur personnalité civile; mais elle refusa d'y verser sous forme de subvention les crédits ouverts au budget de l'instruction publique pour les dépenses des facultés; elle refusa également d'abandonner aux universités les droits d'études et d'examens. Comprenant cependant que réduits au produit des dons et legs et aux subventions des départements, des communes et des particuliers, les budgets des universités seraient trop pauvres pour faire œuvre utile, la commission proposa qu'en fin d'exercice, le Ministre de l'instruction publique y versât les sommes non employées sur les crédits ouverts au budget de son département pour le personnel de chaque université, ce qui était une prime aux vacances d'emploi prolongées. Elle proposa encore que les universités pussent être autorisées par la loi de finances à percevoir des droits spéciaux à l'occasion des certificats d'études, distincts des grades d'État, et des diplômes honorifiques qu'elles pourraient établir.

Ainsi mitigé, le projet vint en discussion au mois de mars 1892, près de deux ans après qu'il avait été déposé. Le débat fut brillant. Mais, dès le premier jour, il apparut clairement que la conception des universités, même avec les tempéraments introduits par la commission, rencontrerait peu de faveur auprès du Sénat. Elle avait contre elle les alarmes de l'esprit de centralisation, qui se réclamait faussement de l'esprit même de la Révolution, celles des écoles spéciales, qui se croyaient menacées, un jour ou l'autre, d'incorporation violente à l'Université de Paris; celles des régions dont les facultés n'étaient pas destinées à devenir des universités, et qui voyaient dans ce fait une déchéance; celles enfin de la plupart des professeurs de ces mêmes facultés, qui craignaient de décroître quand les autres grandiraient. Toutes firent bloc, et ce fut contre le projet un assaut des arguments les plus divers, parfois même les plus contradictoires. On faisait œuvre inutile. S'il était bon de rapprocher les facultés, le décret de 1885 y avait pourvu. — On faisait œuvre dangereuse. Au lieu de l'émulation qu'on voulait introduire entre les facultés, ce serait la discorde. —— On faisait œuvre contraire aux principes de notre droit public. Sous une forme atténuée, c'était vraiment des corporations qu'on allait rétablir, alors qu'en France l'enseignement public, à tous ses degrés, est et doit rester un grand service public. — On se méprenait sur la destination des facultés. Cette destination n'est pas la culture désintéressée des sciences; c'est un ensemble d'éducations professionnelles. — On voulait faire de la décentralisation. On faisait juste le contraire, puisqu'on concentrait au profit des grandes facultés, au détriment des petites. — On disait faire œuvre française, et c'était au fond une imitation de l'étranger, cette maladie des peuples vaincus. —— On se réclamait de la Révolution. En réalité, on y tournait le dos; on en déchirait les principes, comme de vieilles affiches hors d'usage, pour revenir à des institutions de l'ancien régime et du moyen âge. — Enfin, et c'était l'argument le plus redoutable, on blessait les intérêts de certaines villes. Sans doute on ne frappait pas ouvertement, brutalement leurs facultés, mais on les plaçait dans des conditions telles qu'elles étaient condamnées à disparaître de mort lente.

En vain le Ministre, M. Léon Bourgeois; le rapporteur, M. Bardoux; d'anciens Ministres de l'instruction publique : M. René Goblet, M. Combes, s'efforcèrent-ils de calmer les alarmes, et de montrer à quelles réalités, à quelles idées, à quels besoins répondait le projet. Les intérêts particuliers étaient trop en émoi; les exigences locales avaient parlé trop haut. Il était certain que malgré toute l'éloquence de ses défenseurs, le projet serait repoussé. Il fallait éviter un échec irréparable. Le Gouvernement accepta le renvoi à la commission d'un contre-projet déposé au cours de la discussion. Renvoyé dans les cartons de la commission, ce contre-projet s'y endormit.

Il parut prudent de ne pas le réveiller. Mais on ne demeura pas inactif. Dans la discussion publique, adversaires et partisans du projet du Gouvernement étaient tombés d'accord que le rapprochement des facultés était une œuvre à conserver et à mettre à l'abri des hasards. Or, le décret de 1885 n'avait pu que ce que peut un décret. Il avait, dans chaque ressort académique, rapproché les facultés, mais il n'en avait pas fait un corps. Chacune d'elles était personne civile; leur ensemble ne l'était pas. Chacune d'elles avait son budget; leur composé n'en avait pas. L'existence même de ce composé, sortie d'un décret, était précaire. Puisqu'on n'avait pu franchir le pas décisif, au lieu de s'arrêter devant cet insuccès, n'était-il pas sage de revenir à la méthode des progrès lents? Et ne serait-ce pas un progrès véritable d'obtenir que les facultés, rapprochées mais non unies en un seul et même être, par le décret de 1885, devinssent enfin des corps, que ces corps eussent les attributions des personnes civiles, et que les conseils généraux des facultés, dont les preuves étaient faites, fussent reconnus et consacrés par la loi? Au fond, et on ne se le dissimulait pas, c'était l'abandon du système des grandes universités, et on savait bien que sur cette voie nouvelle, on aboutirait à un plus grand nombre d'universités qu'on n'avait voulu tout d'abord. Mais, sans parler de la nécessité de couvrir la retraite et de se donner du temps pour préparer un projet nouveau, il parut qu'il y aurait sagesse à ne pas sceller l'avenir par une conclusion définitive, et à remettre la question en expérience, tout en réalisant un progrès décisif.

LOI DE 1893.
LES CORPS
DE FACULTÉS.

Il n'y eut d'opposition sérieuse ni à la Chambre, ni au Sénat, lorsque quelques mois plus tard, le successeur de M. Léon Bourgeois, M. Ch. Dupuy, proposa d'insérer dans la loi de finances un article ainsi conçu : « Le corps formé par la réunion de plusieurs facultés de l'État dans un même ressort académique est investi de la personnalité civile. Il est représenté par le conseil général des facultés. Il sera soumis, en ce qui concerne ses recettes, ses dépenses et sa comptabilité, aux prescriptions qui seront déterminées par un règlement d'administration publique. » — Ce n'étaient pas des universités. Mais à la place des groupes de facultés, sans existence légale, sans liens légaux, c'étaient des corps légalement institués, des établissements publics, capables d'une vie indépendante; et l'importance de cette transformation n'était pas contestable.

Cet article de loi fut bientôt complété par deux décrets, l'un du 9, l'autre du 10 août 1899. Par le premier, les attributions du conseil général des facultés étaient élargies et mises en harmonie avec l'état légal des nouveaux corps; par le second, était constitué leur organisme financier.

Cependant la commission du Sénat restait toujours saisie du projet de 1890 et du contre-projet de 1892. Sous l'influence de la discussion publique, elle avait élaboré le projet suivant :

« Tout groupe de facultés de l'État, existant dans un même ressort académique, à l'exception des facultés de théologie, est constitué en université, et reçoit la personnalité civile. »

« L'Université prend le nom du chef-lieu d'Académie. »

« Les écoles supérieures de pharmacie sont assimilées aux facultés. »

« L'école de médecine et de pharmacie de plein exercice, les écoles préparatoires de médecine et de pharmacie, les écoles préparatoires des sciences et des lettres pourront être rattachées à l'Université du ressort par une loi spéciale qui réglera les conditions de ce rattachement. »

« Les autres établissements d'enseignement supérieur, sur leur demande et après avis du Ministre dont ils relèvent, pourront être également rattachés à l'Université du ressort, en vertu d'une loi spéciale à chacun d'eux. »

Par cette rédaction, la commission allait au delà de ce qui avait été réclamé dans le débat. Non seulement elle faisait des universités partout où il y avait des facultés, ne fussent-elles que deux, comme à Clermont-Ferrand et à Besançon; mais, par une contradiction absolue au principe même des universités, qui est la vie commune, elle prévoyait l'entrée dans les universités d'établissements excentriques aux facultés, comme les Écoles de médecine de Nantes, d'Angers, de Limoges, de Tours, de Rouen, de Reims, les Écoles préparatoires à l'enseignement supérieur des lettres et des sciences de Rouen, de Nantes et de Chambéry. Par bonheur, cette conception ne fut pas soumise au Sénat. Autrement, tous les intérêts locaux, même les plus infimes, même ceux qui n'avaient pas réclamé, s'y seraient sans doute attachés, et c'en eût été fait de la conception vraie des universités.

Un an à peine après la loi et les décrets de 1893, pendant que les corps de facultés commençaient à fonctionner, un député, M. Vigné d'Octon, usant de l'initiative parlementaire, déposa à la Chambre une proposition de loi qui reproduisait le texte du projet de 1890. Son dessein était de rouvrir la discussion devant une autre assemblée. Le Gouvernement n'était pas pris au dépourvu. Il savait quelle solution nouvelle il proposerait, le jour où se poserait de nouveau la question. La Chambre ayant décidé de prendre en considération la proposition de M. Vigné d'Octon, le Gouvernement ne pouvait la laisser s'engager plus avant, sans dire de quelle façon il convenait, selon lui, de la résoudre. Le 18 juin 1895, un décret retirait du Sénat le projet de loi de 1890. Le même jour, un nouveau projet était déposé à la Chambre par M. Raymond Poincaré, Ministre de l'instruction publique.

Aux termes de ce projet, tous les corps de facultés devenaient des universités. « Un précédent cabinet, est-il dit dans l'exposé des motifs, avait pensé, avec d'anciennes et hautes autorités, que, pour répondre à leur véritable destination, les universités devaient être d'abord peu nombreuses. Vous savez quels obstacles cette conception a rencontrés devant elle. Nous ne la reprenons pas. D'ailleurs, depuis cinq ans, les faits se sont modifiés. En particulier est intervenue la loi du 28 avril 1893. Nous estimons qu'après avoir constitué dans chaque ressort académique un corps de facultés, après

LOI DE 1896.
CONSTITUTION
DES
UNIVERSITÉS.

avoir donné à ces corps mêmes organes et mêmes attributions, il convient de les transformer tous en universités. »

En se résignant à cette solution, le Gouvernement cédait devant les faits. Après l'attitude du Sénat, la chose ne faisait plus doute : ou il y aurait des universités dans tous les centres académiques, ou il n'y en aurait dans aucun. A tout prendre, mieux valait encore en avoir trop que de n'en avoir pas. Mais en consentant à constituer des universités fort inégales, et qui étaient loin de répondre toutes à son idéal, le Gouvernement entendait qu'en elles fût déposé un principe de concurrence et d'émulation. Il était résolu à les traiter toutes avec équité, à leur distribuer à toutes, comme par le passé et suivant les mêmes mesures, les crédits mis à sa disposition par les Chambres. Mais il ne l'était pas moins à obtenir pour elles d'autres ressources variables avec leur importance. Sur ce point, il était décidé à n'admettre ni amendement, ni transaction.

Voici quel système il proposa. Les droits payés par les étudiants sont de deux sortes : droits d'études et droits d'examens. Les uns et les autres étaient versés au Trésor. Qu'il en soit ainsi des droits d'examens, on le comprend; les grades étant grades d'État, il est légitime que les droits dont ils sont frappés profitent à l'État; c'est comme une recette régalienne. On le comprend moins des droits d'études. Il sembla légitime que le produit en fût appliqué au perfectionnement des études, aux instruments du travail scientifique. Dès lors, ce n'était plus par l'État qu'ils devaient être perçus, mais par les universités elles-mêmes et à leur profit. Ce surcroît de ressources leur étant assuré, la libre disposition leur en étant donnée, on pouvait espérer qu'elles rivaliseraient entre elles pour attirer et retenir les étudiants, et que cette émulation tournerait au bien des études, de la science et du pays.

Contre ces dispositions, on ne pouvait invoquer le principe supérieur de l'unité budgétaire. Les droits d'études ne sont pas en effet des impôts, mais des rétributions; ils ne sont pas une contribution payée par tous les citoyens en vue de subvenir aux services publics; ils sont la rémunération par l'étudiant d'un service reçu par lui. D'autre part, on ne pouvait plus leur opposer qu'elles allaient créer des caisses spéciales, suspectes à l'administration des finances. Depuis 1889, chaque faculté ayant son budget propre, avait sa caisse spéciale. De même chaque corps de facultés depuis 1893. Dans ces caisses, créées par la loi elle-même, il s'agissait simplement de verser de nouvelles ressources.

Le projet de loi fut voté, à la Chambre des députés, le 5 mars 1896, à l'unanimité de 518 votants.

Il le fut au Sénat, le 7 juillet suivant, par 223 voix contre 29. Un article additionnel dont l'objet était de rendre aux facultés libres le droit de prendre le nom d'universités que leur avait enlevé la loi du 18 mars 1880, fut repoussé.

La loi fut promulguée le 10 juillet 1896.

Elle était brève, simple et d'apparence modeste. Elle se composait seulement de quatre articles. A dessein on n'y avait mis que l'indispensable, ce qui ne pouvait être décidé que par la loi.

L'article 1er disposait que « les corps de facultés institués par la loi du 28 avril 1893 prennent le nom d'universités ». — C'était un état civil authentique aux universités de fait, encore innomées, qui existaient déjà.

Par l'article 2, le conseil général des facultés était légalement reconnu et recevait le nom de conseil de l'université.

L'article 3 transférait aux conseils des universités la connaissance des affaires contentieuses et disciplinaires, relatives à l'enseignement supérieur public, jusqu'alors dévolue aux conseils académiques.

Enfin l'article 4, la pièce essentielle de la loi, décidait qu'à dater du 1er janvier 1898, il serait « fait recette au budget de chaque université des droits d'études, d'inscription, de bibliothèque et de travaux pratiques acquittés par les étudiants, conformément aux règlements », et que « les droits d'examens, de certificats d'aptitude et de visa, acquittés par les aspirants aux grades et titres prévus par les lois, ainsi que les droits de dispense et d'équivalence, continueraient d'être perçus au profit du Trésor ». Il disposait enfin que les droits perçus par les universités ne pourraient être affectés par elles qu'aux objets suivants : « dépenses des laboratoires, bibliothèques et collections, construction et entretien de nouveaux bâtiments, création de nouveaux enseignements, œuvres dans l'intérêt des étudiants ».

En regard de l'ample projet de 1890, c'était peu, ce semble, que ces quatre articles. Mais il faut se souvenir que, depuis 1890, avaient été constitués les corps de facultés, investis de la personnalité civile; que ces corps avaient été dotés d'un budget; que les règles de leur comptabilité avaient été fixées par un règlement d'administration publique; que les attributions des conseils généraux, leurs représentants légaux, avaient été singulièrement élargies. D'ailleurs, il y avait tout avantage à ne pas enlever au pouvoir réglementaire du Ministre les matières qui sont de sa compétence. Théoriquement, il faut ne demander à la loi que ce qui ne peut être fait que par elle. Pratiquement, en faisant régler par elle des questions qui peuvent l'être par des décrets, on s'interdit les changements qui sont une conséquence et une condition de la vie. La loi scelle pour longtemps ce qu'elle touche. Un décret, au contraire, est chose plus malléable et se modifie aisément. A cet égard, la loi de 1896, en sa brève teneur, valait mieux que le projet de 1890. Celui-ci avait eu le tort, peut-être inévitable à ce moment, de comprendre dans son texte nombre de dispositions d'ordre réglementaire, par exemple la composition des conseils des universités et leurs attributions. La loi de 1896, en laissant toutes ces matières au pouvoir qui a qualité pour les régler, se conformait aux principes généraux et n'enfermait pas dans un moule rigide l'organisation qui allait être faite des universités.

Restait en suspens une très importante question qui, celle-là, ne pouvait être réglée que par les Chambres. Il avait été décidé que les dispositions financières de la loi seraient appliquées seulement au début de l'année 1898. La raison de ce délai était d'ordre budgétaire. En abandonnant aux universités le produit total des droits d'études, on diminuait d'autant les recettes du Trésor. Ni le Gouvernement, ni les Chambres n'avaient pensé que cette largesse pût se faire sans compensation. La seule compensation possible était une diminution des crédits affectés par l'État à l'enseignement supérieur. Il ne fallait pas songer à diminuer les dépenses ordinaires; c'eût été faire de la loi un trompe-l'œil, la rendre purement verbale et la stériliser. C'est donc sur les dépenses extraordinaires que devait porter la compensation. Justement, il y avait depuis quelques années au budget de l'instruction publique un chapitre intitulé : « *Subventions aux villes et aux facultés pour constructions et matériel scientifique.* » La campagne des constructions touchait à sa fin; les engagements pris allaient venir à terme. On pouvait, sans péril, supprimer ce chapitre à partir de 1898. Ce fut la compensation qu'offrit le Gouvernement. Elle n'était pas égale, et il n'était pas nécessaire qu'elle fût égale au sacrifice consenti par l'État au profit des universités, mais elle l'atténuait dans une large mesure. La charge nouvelle à supporter par l'État du fait de l'application de la loi, se trouvait ainsi réduite à 300,000 francs environ. Ce chiffre avait été accepté, en principe, par la commission de la Chambre. « Fût-il dépassé, ajoutait le rapporteur, il n'y aurait pas à s'en effrayer. La dotation de l'enseignement supérieur est sensiblement plus faible en France que dans la plupart des grands pays d'Europe, et les comparaisons que nous pouvons faire à cet endroit ne laissent pas que d'être très instructives. »

Quand vint la préparation du budget de 1898, une grosse difficulté surgit. Dans les travaux préparatoires de la loi de 1896, on avait calculé le total des droits qui devaient revenir aux universités, d'après une année moyenne. Comme moyenne, on avait choisi l'exercice 1890, parce que dans l'accroissement constant du nombre des étudiants, cet exercice marquait un étiage moyen, dépassé les années suivantes, mais vers lequel un mouvement de retour commençait à se produire. En 1890, le produit de tous les droits d'études avait été de 1,200,000 francs. On estimait donc qu'en 1898, une fois ces droits passés aux universités, la diminution des recettes du Trésor serait de 1,200,000 francs, compensée pour 900,000 environ par la suppression, à la même date, des crédits extraordinaires dont il a été question plus haut.

Or, il se trouva que, dans l'intervalle, le produit des droits d'études, loin de revenir à la moyenne envisagée en 1895, s'était considérablement élevé. Il avait atteint, en

1896, 1,900,000 francs. Et comme c'est une règle absolue d'évaluer les recettes d'un exercice d'après les produits du pénultième exercice, en 1898, la prévision des recettes du Trésor allait, par l'application de l'article 4 de la loi de 1896, se trouver diminuée, non pas de 1,200,000 francs comme on l'avait prévu en 1895, mais de 1,900,000. La compensation annoncée fut trouvée insuffisante par le Ministre des finances. A la suppression des subventions extraordinaires pour constructions et matériel, promise dès le début, il fallait ajouter une diminution sur les crédits ordinaires. On proposa de supprimer au chapitre VIII — *Universités et facultés, matériel* — un crédit de 400,000 francs affecté aux travaux pratiques des étudiants. Comme d'autre part, à l'exercice 1897, le chapitre extraordinaire qui allait disparaître avait été de 1,200,000 francs, la diminution des dépenses se trouvait portée à 1,600,000. Par suite la charge nouvelle imposée au Trésor par la pleine application de la loi sur les universités, était ramenée à 300,000 francs, c'est-à-dire au chiffre inscrit dans les travaux préparatoires de la loi.

Un instant, le Ministre des finances avait voulu donner à la loi de 1896 une interprétation qui en eût annulé les effets. Chaque année la subvention de l'État aux dépenses ordinaires des facultés eût été diminuée d'une somme égale au produit des droits d'études encaissés par les universités. Cette interprétation était contraire à l'esprit même de la loi; elle eût tué dans l'œuf ce « principe de vie, d'émulation, de concurrence », qu'on avait voulu mettre dans les universités naissantes. Le Ministre de l'instruction publique se refusa à l'accepter, et le budget de 1898 régla définitivement la question conformément à ses vues.

En outre des traitements du personnel existant qui continuaient d'être payés par l'État, une subvention fixe, renouvelable d'exercice à exercice, était accordée aux facultés et aux universités pour leurs dépenses de matériel. Un seul crédit disparaissait, celui des travaux pratiques des étudiants. Et encore, le rapport faisait-il nettement réserve que, suivant les circonstances, il pourrait plus tard être rétabli en totalité ou en partie. « Nous ne voulons pas nous montrer pessimiste, mais il va sans dire que si le nombre des étudiants et par suite celui des droits diminuaient dans des proportions trop sensibles, la subvention pour travaux pratiques, aujourd'hui supprimée, devrait être partiellement ou totalement rétablie. »

Pour une dernière question, l'intervention de la loi était encore nécessaire. Dans l'article 4 de la loi de 1896, énumérant les droits dont recette continuerait d'être faite au profit du Trésor, on avait dit : les droits d'examen, de certificat d'aptitude ou de visa acquittés par les aspirants aux *grades établis par les lois.* C'est à dessein qu'on avait parlé des grades établis par les lois, pour limiter strictement aux droits correspondants les produits qui n'étaient pas donnés aux universités Mais dès ce moment on

4.

pensait bien qu'une des attributions des universités nouvelles, une de celles qui pourraient leur être conférées par décret, serait la faculté d'établir des titres d'ordre purement scientifique, distincts des grades d'État, ne conférant aucun des privilèges publics attachés à ceux-ci et on entendait qu'elles en eussent tout le profit. Cette prévision se trouva réalisée par le décret du 21 juillet 1897. L'article 15 disposa en effet que « en dehors des grades établis par l'État, les universités peuvent instituer des titres d'ordre exclusivement scientifique. Ces titres ne confèrent aucun des droits et privilèges attachés aux grades par les lois et règlements, et ne peuvent en aucun cas être déclarés équivalents aux grades ». Par application du texte qui leur attribuait le produit des droits d'études, les universités pouvaient demander que les études en vue des titres scientifiques qu'elles établiraient, fussent frappées d'un droit. Mais elles ne pouvaient en percevoir aucun pour les examens correspondants. D'ailleurs, d'après la législation en vigueur, les droits d'études en vue de ces titres n'auraient pu être fixés que par un règlement d'administration publique en Conseil d'État, ce qui peut-être n'eût pas été sans difficultés, étant donné qu'il s'agissait de titres et d'études variables, non seulement d'une université à l'autre, mais dans la même université. L'article 23 de la loi de finances du 30 mai 1899 compléta les pouvoirs des universités, en les autorisant à percevoir « des rétributions pour études et examens en vue des titres scientifiques établis par elles ». Ces rétributions devaient être fixées par elles-mêmes, sous l'unique réserve de l'approbation du Ministre de l'instruction publique. L'organisme légal des universités était complet.

ORGANISATION DES UNIVERSITÉS.

Dans les larges et souples lignes de cet organisme, quelle fut leur organisation administrative ? Elle devait résulter à la fois de leur situation légale et des fins qu'on leur avait assignées.

Légalement, on avait fait d'elles des établissements publics. Cette expression a dans la législation française deux sens fort différents, mais non exclusifs. Elle signifie d'abord des établissements fondés et entretenus par l'État, les départements et les communes, par opposition aux établissements privés, fondés et entretenus par des particuliers ou des associations. Elle signifie aussi des services d'un intérêt collectif, à caractère tantôt général, tantôt local, rattachés à l'État ou aux subdivisions de l'État, départements ou communes. Ces services sont doués de la personnalité civile, c'est-à-dire de la capacité d'acquérir à titre onéreux ou gratuit, parce que l'État, sans s'interdire à lui-même, sans interdire aux pouvoirs locaux de contribuer à la réalisation des intérêts dont ces services ont charge, a voulu leur attribuer des ressources propres, pour une réalisation plus complète et plus assurée de ces intérêts. Les établissements publics sont donc des personnes morales, dont la personnalité ne se confond pas avec celles de l'État, des départements ou des communes, et qui sont chargées, par la loi, de services publics déterminés. Deux traits leur sont essentiels : être les organes de services publics; pouvoir acquérir, posséder, recevoir. Tels étaient, avant la constitution des corps de facultés, l'Institut et chacune de ses cinq académies, les chambres de commerce, les diocèses, les fabriques, les hospices et hôpitaux, l'Ordre de la Légion d'honneur, les syndicats de communes. Telles ont été, depuis cette constitution, et sur le modèle fourni par elle, « la réunion des musées nationaux du Louvre, de Versailles, de Saint-Germain et du Luxembourg », et le Conservatoire des arts et métiers. Cette doctrine s'est trouvée récemment confirmée et précisée par une loi de février 1901, sur la tutelle administrative en matière de dons et legs qui distingue deux catégories de services nationaux : ceux qui sont investis de la personnalité civile, et ceux qui en sont dépourvus [1].

De cette définition résulte une seule conséquence nécessaire : la distinction du patrimoine de l'établissement public d'avec celui de l'État, s'il s'agit d'un service national; d'avec celui du département ou de la commune, s'il s'agit d'un service local. Quand, à la fin du second Empire un Ministre, d'ailleurs avec les intentions les plus louables, s'emparait des réserves d'un lycée pour les appliquer aux besoins d'un autre lycée moins prospère, il violait un droit. Mais, cette distinction respectée, tout le reste est contingent et variable : ainsi les immeubles occupés. Peu importe qu'ils soient ou non la propriété de l'établissement qui en a l'usage. La Légion d'honneur est logée chez elle; l'Institut est établi dans un immeuble domanial; les communes sont propriétaires des églises; l'État l'est des cathédrales et des palais épiscopaux; d'autres établissements d'un caractère national incontestable, les lycées, sont installés pour la plupart dans des propriétés communales. Peu importe aussi le mode d'administration de l'établissement. Tantôt ses représentants sont des membres de droit, tantôt des membres élus, tantôt des membres nommés par le pouvoir central, tantôt encore un mélange de membres de droit, de membres élus et de membres nommés. Peu importe enfin que l'établissement soit pourvu d'un budget spécial. L'individualité financière est sans doute un signe de la personnalité civile, mais elle n'en est pas une condition nécessaire. L'Institut, qui est personne morale depuis l'an x, n'a jamais eu de budget.

Aucun type ne s'imposait donc pour l'organisation administrative des facultés. On s'arrêta à un type mixte, celui-là même qu'avaient constitué pièce à pièce les règlements de 1885 et de 1893, dont les preuves étaient déjà faites, et qui avait l'avantage, tout en respectant pleinement la personnalité civile des universités comme

LES CONSEILS DES UNIVERSITÉS.

---

[1] Cf. Aucoc, *Les établissements publics et la loi du 4 février 1901*, Paris 1901.

celle des facultés, de maintenir entre elles et l'État des liens qu'il n'eût pas été sans péril de relâcher à l'excès.

Dans chaque ressort académique, le conseil général des facultés devenait conseil de l'université. La composition n'en fut pas modifiée. Le recteur de l'académie, nommé par le Président de la République, en resta le président. En 1885, quand avait été créé le conseil général des facultés, il avait paru nécessaire de personnifier dans la présidence des recteurs le lien par lequel les groupes de facultés continueraient d'être rattachés à l'État. En 1897, après douze années d'expérience, il ne parut pas que cette disposition dût être modifiée. Quelques corps de facultés, en petit nombre d'ailleurs, avaient demandé que la présidence fût dévolue à un membre du conseil élu par lui, et que le recteur, représentant de l'État, siégeât dans le conseil comme le curateur des universités allemandes. Mais la plupart étaient du sentiment de l'Université de Paris qui avait dit, dans une enquête antérieure : « Dans tous les pays, auprès des universités d'État, l'État est et doit être représenté. Fallait-il confier à un fonctionnaire nouveau cette représentation ? La commission ne l'a point pensé. Le recteur sera le délégué de l'autorité publique auprès de l'université. Le grade d'une des facultés est exigé pour la nomination au rectorat. Le recteur président du conseil de l'université sera un *primus inter pares*. De plus, en sa qualité de chef, dans son ressort académique, des deux ordres d'enseignement secondaire et primaire, il personnifiera la solidarité des universités et de l'enseignement national. Il serait chimérique de craindre que la présence et la présidence du recteur pussent porter atteinte à l'indépendance du conseil, laquelle est garantie par l'indépendance de la situation légale, pour ne parler que de celle-là, de chacun de ses membres. »

A sa charge de délégué de l'État, le recteur joignit désormais celle de pouvoir exécutif et de représentant légal de l'université. « Sous l'autorité du Ministre de l'instruction publique, le recteur instruit les affaires relatives à l'université et assure l'exécution des décisions du conseil. Il représente l'université en justice et dans les actes de la vie civile. Il a qualité, en ce qui concerne les biens de l'université, pour intenter toute action possessoire et y défendre, agir en référé et faire tous actes conservatoires. » (Décret du 21 juillet 1897, art. 5.)

Quelles sont maintenant les attributions des universités ? Envisagées dans leur forme, elles sont distribuées en quatre degrés. Le propre des assemblées est de voter. Mais quand elles ne représentent pas des personnes souveraines, leurs votes n'ont pas tous les mêmes effets. Il en est qui peuvent emporter exécution par eux-mêmes, quand ils ne sont pas contraires aux lois et à certaines règles tracées par le pouvoir chargé d'assurer l'exécution des lois; il en est qui ne peuvent être exécutés qu'après approbation de l'autorité supérieure; il en est qui ne sont que des avis donnés à l'autorité qui décide; il en est enfin qui ne sont que des vœux. Empruntée à deux lois libérales, la loi de 1871 sur l'organisation départementale et la loi de 1884 sur l'organisation communale, cette distribution qui avait pour elle son libéralisme même et l'épreuve d'une assez longue durée, fut appliquée, en 1893, à l'organisation des corps de facultés. On la confirma en organisant les conseils des universités. Il leur fut donné pouvoir de statuer sur certains objets limitativement énumérés ; ces décisions sont définitives, si, dans le délai d'un mois, elles n'ont pas été annulées pour excès de pouvoir ou pour violation d'une disposition légale ou réglementaire, par arrêté du Ministre, après avis de la section permanente du Conseil supérieur de l'instruction publique ; — pouvoir de délibérer sur certains autres objets, également énumérés ; ces délibérations ne sont mises à exécution qu'après approbation du Ministre ; — pouvoir de donner des avis, sur d'autres objets, toujours énumérés, au sujet desquels la décision est réservée au Ministre ; — enfin, pouvoir d'émettre des vœux sur tout ce qui concerne l'enseignement supérieur.

Envisagées dans leur matière, les attributions des conseils peuvent être groupées sous trois chefs : la vie civile, la vie scientifique et la juridiction disciplinaire.

La vie civile résulte de la personnalité morale. Elle est un moyen pour la vie scientifique ; en fait, elle l'accompagne ; logiquement, elle la précède. Représentant légal d'une personne civile organe de l'État, et comme telle soumise à la tutelle de l'État, le conseil statue sur tous les actes d'administration des biens de l'université ; il délibère simplement sur les actes de disposition, acquisitions, aliénations, échanges, relatifs à ces biens ; il ne fait également que délibérer, sans statuer, sur les emprunts, sur l'acceptation des dons et legs, quand ils donnent lieu à réclamation et aussi quand ils sont soumis à des charges et conditions ; il ne fait également que délibérer sur les offres de subventions ; ces subventions pouvant avoir en vue la création d'enseignements contraires à l'ordre public, il parut nécessaire d'en subordonner l'acceptation à l'approbation d'un Ministre responsable devant les Chambres ; enfin, il donne son avis sur le budget de l'université, dont les recettes et dépenses sont arrêtées par le Ministre.

On a dit plus haut que l'individualité financière n'était pas une condition nécessaire de l'exercice de la personnalité civile. En 1893, la loi avait donné un budget à chaque corps de facultés. En 1897, les corps de facultés se transformant en universités, celles-ci gardèrent chacune son budget propre.

Ce budget se subdivise en budget ordinaire et en budget extraordinaire. Les recettes ordinaires sont : les revenus des biens, meubles et immeubles, et les intérêts des fonds placés au Trésor ; le produit des droits d'études ; le produit des droits d'inscription ; celui des droits de bibliothèque ; celui des droits de travaux pratiques ; celui des publications de l'université ; la subvention de l'État pour les dépenses

BUDGETS DES UNIVERSITÉS.

ordinaires; les subventions des départements, des communes et des établissements publics, des établissements d'utilité publique et des particuliers pour les dépenses ordinaires; les allocations consenties par les établissements de l'université pour contribuer à des dépenses communes; enfin, toutes les autres ressources d'un caractère annuel et permanent. — Les dépenses ordinaires sont : les impositions établies par les lois; le service des emprunts; les dépenses du personnel, imputables sur les fonds de l'université; l'emploi des revenus des dons et legs ayant une affectation spéciale; les dépenses de la bibliothèque universitaire, matériel; les dépenses des services communs à plusieurs facultés; les dépenses d'entretien des bâtiments et du mobilier de l'université; les allocations aux facultés pour les travaux pratiques des étudiants; les allocations aux facultés pour les laboratoires de recherches et de sciences appliquées; les allocations aux facultés pour les collections; les bourses imputables sur les fonds de l'université; les dépenses des œuvres instituées par le conseil de l'université dans l'intérêt des étudiants; les impressions et frais de bureau; les frais des publications de l'université; la rétribution de l'agent comptable; enfin, toutes autres dépenses d'un caractère annuel et permanent. — Le budget extraordinaire comprend en recettes : les dons et legs, le produit des emprunts, le prix des biens aliénés, les subventions pour dépenses extraordinaires, et toutes autres recettes accidentelles; en dépenses : les dépenses temporaires, accidentelles ou imputées sur une des recettes énumérées ci-dessus, ou sur l'excédent des recettes ordinaires.

Le budget est préparé par le président du conseil de l'université, voté par le conseil et arrêté par le Ministre. L'ordonnateur des dépenses est le recteur, président du conseil, et, à son défaut, le vice-président élu par le conseil. Le comptable est nommé par le Ministre des finances. Ses comptes sont jugés et apurés par la Cour des comptes.

Pour comprendre ce budget, il faut se rappeler que dans chaque université, chaque faculté, personne civile comme elle, conservait son budget et ses ressources propres, produit des dons et legs, subvention des particuliers, subventions de l'État pour dépenses de matériel. Il faut se rappeler encore que l'État continuait de payer directement, sur les crédits ouverts au Ministre de l'instruction publique, tout le personnel existant lors du vote de la loi de 1896, et tous les emplois qu'il pourrait créer dans la suite. Il faut se rappeler enfin qu'en abandonnant aux universités le produit des droits d'études, les Chambres avaient décidé qu'elles n'en pourraient faire emploi que pour les dépenses des laboratoires, bibliothèques et collections, la construction et l'entretien des bâtiments, la création de nouveaux enseignements dans les facultés et les œuvres dans l'intérêt des étudiants.

Dans ces affectations très larges, on avait été promptement conduit, par nécessité et par prudence, à faire quelques sous-affectations déterminées. Lors de la préparation du budget de 1898, il avait fallu consentir, pour les raisons plus haut exposées, à la disparition de la subvention de 400,000 francs que l'État allouait précédemment aux facultés pour les travaux pratiques des étudiants. Comme conséquence, on mit à la charge des universités les dépenses de ces exercices. Percevant désormais le droit payé par les étudiants pour les travaux pratiques, il était naturel que le produit en fût appliqué par elles à l'objet pour lequel il était perçu. De là cet article du décret du 21 juillet 1897 : « Chaque université est tenue de mettre à la disposition de chaque faculté et école, pour les travaux pratiques et les laboratoires, des allocations au moins égales au montant des droits de travaux pratiques et de laboratoires versés au cours de l'exercice par les étudiants de chaque faculté ou école. » — La subvention de l'État aux bibliothèques universitaires était maintenue ; mais comme elle était loin de suffire aux besoins, on fit obligation à chaque université d'affecter à la bibliothèque un crédit au moins égal au montant des droits de bibliothèque perçus par elle au cours de l'exercice.

En dehors de ces deux affectations, les universités sont libres d'appliquer toutes leurs autres ressources, produit des dons et legs, revenus de leurs biens, excédent des recettes, produit des droits d'immatriculation et des droits d'inscription, produit des droits d'examen en vue des titres scientifiques établis par elles, aux objets prévus par la loi. La liste des emplois qu'elles peuvent en faire serait longue et variée. Rien de ce qui intéresse la vie des universités n'est soustrait à la libéralité publique ou privée. Création de nouveaux enseignements, chaires, cours, conférences, emplois auxiliaires, dotation des laboratoires, des bibliothèques, des collections, constructions, aménagements, œuvres au profit des étudiants, tout peut se faire par dons et legs et par subventions. Tout peut se faire également à l'aide des excédents de recettes et du produit des droits encaissés par les universités, réserves faites des droits de travaux pratiques et de bibliothèque dont l'affectation est absolue.

Il résulte de ce qui précède que le personnel des facultés peut être rémunéré sur trois caisses différentes, le Trésor, pour tous les emplois créés par l'État, et ce sont de beaucoup les plus nombreux ; la caisse de chaque faculté, pour les emplois créés par la faculté à l'aide des ressources inscrites à son budget ; la caisse de l'université, pour les emplois créés par elle dans telle ou telle faculté, à l'aide de ses ressources propres. Mais le personnel n'en est pas moins un. Les origines diverses des traitements ne constituent pas en lui des catégories différentes. Qu'ils soient payés par l'État, par la faculté ou par l'université, tous les maîtres sont fonctionnaires de l'État et relèvent du Ministre de l'instruction publique. Les recteurs nomment aux emplois de maîtres de conférences, de chargés de cours, de chefs de travaux, de préparateurs créés par les universités et les facultés ; mais ce n'est pas en vertu d'un pouvoir propre résultant de leur qualité de représentants des universités, c'est par délégation du Ministre de l'instruction publique. (Décret du 21 juillet 1897, article 14.)

Après la vie civile, la vie scientifique. Dans chaque faculté elle est l'œuvre des maîtres. Sa condition première est la liberté scientifique. Dans les limites résultant du titre de son enseignement, le maître doit être maître de son programme. Aussi avait-on promptement aboli l'obligation où il était autrefois de soumettre, chaque année, le programme de son cours à l'administration centrale, qui le lui renvoyait contrôlé, parfois remanié, toujours estampillé. Mais un maître n'est pas seul dans sa faculté; une faculté n'est pas seule dans une université. Il importe « au bien des études et à « l'intérêt des étudiants, » suivant la formule inscrite dans le décret de 1885, que, dans chaque faculté d'abord, puis dans les facultés d'une même université, tous les enseignements soient coordonnés en vue de ce bien et de cet intérêt. Seul le conseil de l'université a compétence pour établir cette coordination. On lui remit donc le pouvoir de statuer souverainement sur « l'organisation générale des cours, conférences et exercices pratiques proposés pour chaque année scolaire par les facultés et écoles de l'université ». — Une seule obligation réglementaire lui fut imposée, celle de comprendre dans cette organisation générale les enseignements nécessaires à l'obtention des grades établis par l'État. La « collation des grades » est une des fonctions pour lesquelles, à l'origine, la puissance publique a créé les facultés. En constituant les facultés en universités, la loi n'avait pas supprimé cette fonction, et l'État continuait de pourvoir aux dépenses qu'elle entraine. Il était donc nécessaire que l'exercice en fût assuré. Mais si importante qu'elle soit, cette fonction ne marque pas la limite de la vie scientifique des universités, pas plus que le grade d'État n'est la limite de la science. Aussi, en dehors, ou si l'on veut, au delà des études par lesquelles l'étudiant peut parvenir aux grades, les universités furent-elles libres de pourvoir au reste, avec leurs ressources propres et avec le concours de l'État lui-même.

Une des raisons invoquées en faveur de la création des universités avait été l'existence de rapports chaque jour plus nombreux et plus profonds entre les différentes sciences, et l'apparition de sciences nouvelles, naissant indécises aux confins de sciences plus anciennes; d'où l'on concluait à la nécessité, pour suivre le mouvement même de la science, d'établir dans l'organisme du haut enseignement, des contacts et des anastomoses par où se feraient une circulation et des échanges. Conformément à ces vues, le décret du 21 juillet 1897 donne pouvoir aux conseils d'universités de statuer sur « l'organisation et la réglementation des cours, conférences et exercices pratiques communs à plusieurs facultés ». Dans l'intérêt même de la science, on lui remit aussi le pouvoir de statuer sur la réglementation des cours libres.

Ce fut toujours dans le même intérêt qu'on lui attribua, sous réserve de l'approbation ministérielle, le droit d'instituer « des titres d'ordre exclusivement scientifique ».

La question n'était pas nouvelle. Elle avait été posée en termes très explicites dans l'exposé des motifs présenté au Sénat, en 1890, à l'appui du premier projet de loi sur les universités. « En France, les grades conférés par les facultés sont des grades d'État. Ils ne donnent pas seulement un titre, mais un droit; celui qui les reçoit, les reçoit pour en jouir avec tous les droits et privilèges qui y sont attachés par les lois et règlements. Aussi les épreuves en sont-elles les mêmes devant toutes les facultés. Qu'il y ait là une gêne à la liberté scientifique des universités, nous ne le contestons pas. Mais serait-il possible, à l'heure présente, alors que nous n'avons encore des universités que des espérances et non des certitudes, de changer de fond en comble notre système de grades d'État si profondément enraciné dans nos mœurs? D'ailleurs, pour le faire, il faudrait remettre en question quelques-uns des principes sur lesquels les lois de 1875 et de 1880 ont établi la liberté de l'enseignement supérieur. On a, en effet, astreint les étudiants des facultés libres aux mêmes études, aux mêmes examens, aux mêmes programmes que ceux des facultés de l'État. En retour, on leur a garanti des diplômes conférant les mêmes droits. Ce sera aux universités elles-mêmes d'atténuer les effets de cette restriction nécessaire par une entente vraiment scientifique de l'ensemble de leurs enseignements. »

« Pour cela, toute latitude est donnée à leurs conseils. Ils pourront créer des certificats d'études et des diplômes, distincts des grades d'État, certificats et diplômes dépourvus de sanction légale, possédant seulement une valeur scientifique, mais qui seront des preuves d'un savoir acquis en pleine liberté d'études, et qui vaudront d'autant plus, en France et surtout à l'étranger, que la science sera portée plus haut dans l'université qui les délivrera. »

Depuis lors, on s'était efforcé de mettre plus de science dans les grades, et partant plus de liberté dans les études. Le vieux système s'était assoupli; les programmes avaient perdu de leur rigidité; l'initiative des maîtres avait un plus vaste champ; celle des étudiants, nulle autrefois, était devenue possible. Pourtant les grades restant les grades, c'est-à-dire des garanties d'ordre professionnel, ils ne comportent pas l'étude en pleine et absolue liberté. Il faut que le médecin, à qui son diplôme donnera le droit d'exercer la médecine, justifie de certaines connaissances; sinon il est un péril public; et justement les grades ont été institués à un moment où, dans la société française, il y avait beaucoup de ces périls et pour les conjurer.

Dans d'autres pays, des garanties sont également exigées pour l'exercice de professions où la science est requise; mais la preuve du savoir demandé s'y fait devant des jurys d'État, et les universités vaquent en pleine liberté à leur tâche scientifique.

Il eût été impossible d'introduire et d'acclimater pareil système en France. La loi y eût fait obstacle, et des mœurs quasi séculaires auraient fait obstacle au changement de la loi. Dès lors, les grades d'État n'étant pas toute la science, comme il importait de ne pas arrêter à leurs limites l'œuvre des universités, le plus simple et le plus efficace parut être d'autoriser les universités à délivrer, en dehors des grades d'État, des titres scientifiques dont elles détermineraient elles-mêmes les conditions et le contenu. Toutefois, il y avait des précautions à prendre. Entre les grades d'État et les titres universitaires, il fallait prévenir toute confusion, et même établir une ligne de démarcation infranchissable. Aussi fut-il décidé que, les grades d'État conservant leurs privilèges et leurs droits, les titres universitaires seraient d'ordre purement scientifique, et ne vaudraient que comme preuve scientifique; qu'ils ne conféreraient aucun des droits et privilèges attachés aux grades; qu'en aucun cas, ils ne pourraient être déclarés équivalents aux grades; enfin, que les diplômes en faisant foi, seraient délivrés par le recteur agissant, non comme agent du Gouvernement, mais comme président du conseil de l'université, et en une forme de nature à prévenir toute confusion avec les parchemins d'État, délivrés par le Ministère de l'instruction publique.

RÉGIME SCOLAIRE ET DISCIPLINE. Pour compléter cette esquisse de l'organisation des universités, il reste à dire quels changements furent introduits dans le régime scolaire et dans la discipline des étudiants.

Les règlements en vigueur définissaient l'étudiant par l'inscription. Cette définition ne convenait plus à tout le défini. L'inscription n'est imposée qu'aux aspirants aux grades. Or, il y avait déjà dans les facultés beaucoup d'autres étudiants; on espérait qu'après la constitution des universités, il y en aurait davantage. Il fallait les comprendre tous dans une définition nouvelle. A tous, indifféremment, quels que fussent l'ordre, le degré, la destination de leurs études, fut imposée l'obligation de se faire immatriculer, chaque année, à la faculté, et l'immatriculation devint un caractère générique de l'étudiant. Devait, dès lors, être tenu pour étudiant, quiconque serait porté sur le registre d'immatriculation d'une faculté. Réciproquement personne ne devait être admis aux travaux intérieurs d'une faculté, sans l'immatriculation, exception faite toutefois des savants, professeurs, docteurs français et étrangers, autorisés par le doyen.

Jusqu'alors les aspirants aux grades étaient tenus de faire toutes les études requises dans une faculté française. Un semestre ou deux passés dans une université de l'étranger reculaient d'autant la date de leurs examens. Une telle exigence et de telles conséquences n'encourageaient pas les étudiants français à fréquenter les universités étrangères; n'y allaient guère que les aspirants aux titres requis pour l'enseignement des langues vivantes, et quelques agrégés, quelques docteurs soucieux de compléter leurs études. Il fallait, s'il se pouvait, que ces quelques·uns devinssent beaucoup. Notre ignorance, naguère encore, à peu près générale de l'étranger, est une de nos faiblesses. Sans doute les règlements ne créent pas les mœurs; mais encore faut-il qu'ils n'y mettent pas obstacle. Il fut donc inscrit dans les nouveaux règlements que chaque université serait maîtresse de décider combien de semestres ses étudiants pourraient passer dans une université étrangère sans que la durée de leurs études en France en fût accrue.

Avant la loi de 1896, la juridiction disciplinaire était partagée entre les facultés et les conseils académiques. Relevaient des facultés les fautes commises à l'intérieur, du conseil académique, les fautes commises à l'extérieur des locaux universitaires. Seconde anomalie : la faculté ne disposait que des faibles peines, de sorte que si une faute commise à l'intérieur était assez grave pour entraîner l'exclusion de toutes les facultés, force était à la faculté de se dessaisir et de renvoyer le coupable devant le conseil académique. Cette discipline fractionnée n'était pas une bonne discipline. La loi du 16 juillet 1896 la fit cesser, en transférant aux conseils des universités la compétence disciplinaire précédemment attribuée aux conseils académiques.

Cette dévolution faite, et elle ne pouvait être faite que par la loi, le champ était libre pour une organisation de la discipline des étudiants, en rapport avec la nouvelle organisation des facultés. Alors que la discipline des maîtres a été réglée par des lois, celle des étudiants l'a toujours été par des décrets. L'article 60 du décret du 15 mars 1808 est ainsi conçu : « Le Grand Maître donnera aux écoles les règlements de discipline qui seront discutés par le Conseil de l'Université. » Dans ce texte est l'origine du pouvoir réglementaire du Ministre en cette matière. Il y avait quatre questions à résoudre : la définition juridique de l'étudiant, la détermination des fautes et des délits, la détermination des peines et la détermination des appels.

La première se trouvait résolue par le règlement scolaire. Tout étudiant était désormais astreint à l'immatriculation, avec ou sans inscription en vue d'un grade. Juridiquement, il se trouvait défini par son immatriculation. Furent, en conséquence, déclarés justiciables des conseils des universités les étudiants immatriculés sur les registres d'une faculté de l'État, tant que leur immatriculation est valable, ou que leurs inscriptions ne sont pas périmées. D'après les règlements antérieurs, « était considéré comme étudiant, au point de vue de la compétence des juridictions disciplinaires, celui qui, régulièrement inscrit sur le registre d'une faculté de l'État, n'a point, soit terminé ses études, soit demandé sa radiation ». D'où il résultait que par une radiation volontaire, un indigne pouvait échapper aux conséquences de son indignité. Il parut juste que, l'étudiant conservant les droits tirés de son inscription pendant un temps déterminé, pendant ce même temps, l'université conservât ses droits sur lui.

La seconde question était celle des fautes et des délits. Convenait-il d'en dresser une liste limitative, avec une liste parallèle des peines encourues? Cette façon parut contraire à l'essence même de la juridiction disciplinaire. La discipline, surtout envers des jeunes gens, doit procéder moins à la manière d'un juge qu'à celle d'un père, et pour être paternelle, elle doit tenir compte d'éléments impossibles à prévoir, à viser, à cataloguer. Il suffit de l'armer et d'avoir confiance en elle. D'ailleurs, en cas d'indulgence excessive, il y a le juge d'appel. On se borna donc à prévoir comme punissables les infractions aux règlements scolaires, les fautes contre l'ordre scolaire, les faits délictueux et les faits criminels, laissant aux conseils le soin d'apprécier, d'après les circonstances, la gravité du manquement et la peine à prononcer.

Les peines, au contraire, devaient être nettement déterminées et rigoureusement graduées. On revisa l'ancienne nomenclature qui ne cadrait plus avec l'organisation nouvelle des facultés, et l'on s'efforça de définir et de classer les peines de façon à répondre à la variété des cas vraisemblables, et à mettre entre les extrêmes le plus possible d'intermédiaires. Au premier degré, la réprimande, consignée au dossier scolaire de l'étudiant; au second, l'interdiction de prendre des inscriptions et de subir des examens dans la faculté, pendant un an au plus, mais sans interdiction de prendre part aux travaux de la faculté; au troisième, l'exclusion de la faculté pendant un an au plus, entraînant la triple interdiction de prendre des inscriptions, de subir des examens, et d'être admis aux cours et aux travaux pratiques; au quatrième, l'exclusion de toutes les facultés de l'université pendant deux ans au plus, mais avec faculté de se faire immatriculer et inscrire dans un établissement d'une autre université; au cinquième, l'exclusion à toujours de l'université, et en outre, suivant les cas, l'exclusion temporaire de toutes les facultés de la République; au sixième, l'exclusion de toutes les facultés et écoles d'enseignement supérieur, publiques et libres, pendant deux ans au plus; enfin l'exclusion à toujours de toutes les facultés et écoles publiques et libres.

La question des appels était en partie résolue par la loi. La juridiction d'appel était désignée par elle; c'était le Conseil supérieur de l'instruction publique. Mais sur l'étendue du droit d'appel, la loi était muette ou inexplicite. Une jurisprudence constante avait limité le droit d'appel de l'étudiant. Il parut sage de la maintenir, mais en distinguant d'une façon juste et rationnelle les cas où l'appel serait ouvert, et ceux où il ne le serait pas. Cette distinction se trouvait dans la nature même des peines. Elles peuvent se grouper en deux catégories : celles qui, en excluant temporairement ou à toujours un étudiant d'une faculté ou d'une université déterminées ne lui interdisent pas cependant de continuer ses études dans une autre faculté et dans une autre université; celles qui, l'excluant temporairement ou à toujours de toutes les facultés ou universités, le forcent de les interrompre ou l'empêchent de les achever. Là fut la démarcation : pas d'appel pour les sentences dont l'effet ne dépasse pas l'enceinte de l'université; appel au contraire pour toutes celles qui portent au delà. Au recteur, au contraire, on reconnut un droit d'appel illimité, dans l'intérêt de la discipline, en cas d'acquittement immérité ou de peine manifestement trop faible; dans l'intérêt de la justice, en cas de peine excessive.

A ce bref résumé de motifs, il convient de joindre, pour qui voudra connaître complètement l'organisation des universités, le texte même des règlements de 1897. Ils sont au nombre de six; deux en date du 21 juillet, rendus après avis du Conseil supérieur de l'instruction publique, l'un portant règlement pour les conseils des universités, l'autre relatif au régime scolaire et disciplinaire des universités; quatre en date des 21, 22 et 31 juillet, rendus en Conseil d'État, et portant règlement d'administration publique, le premier pour l'acceptation des dons et legs faits en faveur des universités et des facultés, le deuxième sur le régime financier des universités, le troisième sur le régime financier des facultés, le quatrième sur les droits à percevoir au profit des universités.

L. LIARD.

Membre de l'Institut,
Directeur de l'Enseignement supérieur.

9 782014 448788